"变卦"与破局

郭宇宽 著

清华大学出版社
北京

内 容 简 介

本书选择了历史上、商场中的经典决策案例，将它们划分为"新概念篇""新模式篇""新技术篇""新空间篇"四个篇章，并通过抽丝剥茧的梳理，让读者了解这些成功决策的思维方式，了解到决策过程中，需要考虑的方向是什么，以及如何利用现有条件，扬长避短，找到突围的点。

本书适合营销管理、战略管理从业人员，企业中高层管理人员以及高校工商管理、市场营销专业的大学生、研究生、任课教师参考与学习。

图书在版编目(CIP)数据

"变卦"与破局 / 郭宇宽著 . —北京：清华大学出版社，2023.9

ISBN 978-7-302-64610-5

Ⅰ . ①变… Ⅱ . ①郭… Ⅲ . ①管理学 Ⅳ . ① C93

中国国家版本馆 CIP 数据核字 (2023) 第 180952 号

责任编辑：刘远菁
封面设计：常雪影
版式设计：方加青
责任校对：马遥遥
责任印制：宋 林

出版发行：清华大学出版社
    网 址：http://www.tup.com.cn，http://www.wqbook.com
    地 址：北京清华大学学研大厦 A 座 邮 编：100084
    社 总 机：010-83470000 邮 购：010-62786544
    投稿与读者服务：010-62776969，c-service@tup.tsinghua.edu.cn
    质 量 反 馈：010-62772015，zhiliang@tup.tsinghua.edu.cn
印 装 者：涿州汇美亿浓印刷有限公司
经 销：全国新华书店
开 本：148mm×210mm 印 张：5 字 数：91 千字
版 次：2023 年 9 月第 1 版 印 次：2023 年 9 月第 1 次印刷
定 价：48.00 元

产品编号：095997-01

序

2023 年 ChatGPT 的优越性引起了强烈的社会反响，很多人都惊呼："它太神奇了！"但是早在 2015 年 12 月 12 日，马斯克参与的非营利性人工智能项目 OpenAI 就已宣布正式启动，该项目致力于人工智能的语言底层架构，但在中国并不怎么受关注。

ChatGPT 的全称是 Chat Generative Pre-trained Transformer，其核心词是 Generative Pre-trained，意为"生成性的预先训练"。这个程序是软件，不是硬件。同样的手机内存和芯片，连上这样的软件，功能就强大了很多，这是一个应用程序的"聪明"。按照同样的逻辑，我多年以来一直在思考一个问题：一个人何以被称作"聪明"的人？我近年来认为"聪明"不是天生的，而是被训练出来的。一个民族的"聪明"和这个民族历久弥新的经典所蕴涵的思维训练模型有关。

《周易》作为中国传统思想文化中自然哲学与人文实践的理论根源之一，对中国几千年来的政治、经济、文化等各个领域都产生了极其深刻的影响。2016 年光明日报上发表了王充闾先生的《〈周易〉与中华民族文化精神》，把《周易》中蕴含的思想理念概括为三条：

一是居安思危的忧患意识；

二是自强不息的奋发进取精神；

三是唯变所适、革故鼎新的创新理念。

因为这三条，《周易》堪称"中华民族历久弥新、生生不息的内在支撑力，充实核心价值观的正能量"。我认为这一说法在宏观层面是非常贴切的。

而本书侧重于中、微观层面，探寻企业、组织和个人面对不确定环境时的策略模型。当你面对不确定的市场环境时，可以想想周文王当年推演《周易》的目的。我认为他在推演一种团队心智模型，以指导周部落面对前途未卜的复杂环境。塔勒布写了一本名为《反脆弱：从不确定性中获益》的书。他的观念是，人类无法逃避混乱和波动，相反，通过直面混乱和波动，人类能从中受益，而且人类需要这种混乱和波动来维持生存和实现繁荣。这本书的观念在某种程度上和《周易》的核心观念不谋而合。

《系辞》上说："生生之谓易。"万物在道的推动下，不断繁育兴盛，日日更新，生生不已。在不断变化的环境中，问题往往是层出不穷的，这种不确定性能够使自己更加强大。

有了积极的态度，接下来就该考虑拿什么方法去面对挑战，

本书提供的方法叫"变卦"。环境是不可预测的，你不能希冀
环境总是友好地对待你，亦不必担心环境总对你不友好，重点
不在于环境本身的好坏，而是你准备以什么姿态和策略来面对。
我奶奶今年 108 岁了，她一生遭遇过很多事情，但她从来没有
慌张过。她有个几十年的习惯——她每天要自己拿扑克牌来演算
几遍，但她并不是要预测什么，而是通过反复演练来形成内在
的心灵秩序感。

学过管理学的人应该都知道"SWOT 矩阵"（见图 a），即
基于内部环境、外部环境和竞争条件的态势分析工具，其中的
概念其实与《周易》里的否泰、凶吉、蹇硕、损益、刚柔、阴
阳等辩证概念有异曲同工之妙。

内部环境

优势 Strengths	劣势 Weaknesses
机会 Opportunities	威胁 Threats

外部环境

图 a　SWOT 矩阵示意图

个人在工作生活中、企业在生产经营中、组织在创立发展
中，常常会陷入困境，此时就需要决策者打破僵局，求变求新。

基于此，本书作者提出破局思维，帮助创业者、经营者、管理者正确决策，应对不确定的世界。破局思维就是在僵局的状态下及时转变看待问题的角度，求变求新，突破困境。

郭宇宽

2023 年 6 月

目录

新技术篇 / 81

新空间篇 / 103

引　子

"变卦"之妙，存乎一心

　　现代汉语里，"变卦"是个贬义词，一般用于指责别人出尔反尔，反复无常。其实"变卦"这个词来自《周易》。当年周文王处于人生最低谷，他被纣王囚禁，他培养的接班人——他的长子伯邑考被纣王剁成肉酱、煮成肉羹，他含着眼泪吃下这份肉羹。在这种困局下，周文王没有怨天尤人，而是反省自己过去的失误，调整状态并思考如何应对，在河图洛书和伏羲八卦的基础上推演出文王后天八卦，这就是"变卦"。他这一变，逐渐走出了困局，以韬光养晦、广结盟友的方式，开启了周部落长久的兴盛，立于不败而等天时之变，为周朝奠定了基业。

我们没有周文王这么悲催的经历，但我们要训练困中求变的态度和智慧。"变卦"在我看来是中华民族传统智慧的精华，在人工智能时代，"变卦"的思维就是企业家精神的灵魂，能大放光彩。

内卷如鸡肋，"变卦"图破局

当代一个最突出的精神状态就是内卷，不仅人和人之间内卷，随着 ChatGPT 这样的人工智能的普及，缺乏创造性的工作者还要和机器内卷。

《三国演义》里有一个著名的故事：曹操与刘备对垒于汉中之时，两军相持不下，曹操短期之内根本无法取胜。进又进不得，退又很吃亏，倘若熬在那里，自己的粮草又供应不上，长期对峙显然也不是办法。有一天傍晚，麾下请示曹操："魏王，夜间什么口令啊？"曹操脱口而出："鸡肋啊，鸡肋。"主簿杨修一听，马上让大家收拾行李，准备回家。夏侯惇很不理解，就问杨修："领导没说要撤兵啊？"杨修做出了一个经典的解释："鸡肋，食之无味，弃之可惜。"当然，故事后面的发展也是大家所熟悉的。作为主帅，曹操做决策时要审时度势，哪怕下定决心要撤退，也不能乱军心。但杨修道破的天机却是我们反思自己人生状态的一面镜子。多少人的生活或事业就如同处于曹操当年这种进退维谷的状态？这似乎就是"鸡肋"，吃着没什么肉，扔了又觉得可惜。只不过我们身边没有杨修这样的人来道破而已。

多少人做买卖是在"鸡肋"的煎熬中度过的：辛辛苦苦卖点东西赚点钱，还需要负担高昂的房租，缴纳各种税费，年末一算账，一年除掉自己的开销，相当于白干，而且看不到未来的方向。难怪很多生意人会说："我根本不是老板，我只是为员工和银行打工的民工。"

但若真的撂挑子不干了，问题则更多：待在家里吃老本总不是个办法，家人需要靠你打拼来养活，员工还要依靠这份岗位养家糊口。结果，"鸡肋"成了很多生意人的常态。

我们很多普通人的生活在某种意义上和曹操这种进退维谷的状态是一样的。有一个笑话，大家听了都一乐。一个记者，背靠陕北黄土，采访一个正在放羊的小娃娃。记者问："你每天都在干什么？""放羊。"小娃娃答道。记者又问："放羊为了什么呢？""挣钱。"记者再问："挣了钱呢？""娶媳妇。"接着问："娶了媳妇呢？""生娃。"记者不放弃："生了娃呢？"小朋友想了想，说："放羊。"很多现代人每天都在兢兢业业地工作，可往前看，很多人上班没有明确的目标，为什么上班？

供房贷。为什么供房贷？娶媳妇。为什么娶媳妇？生娃。为什么生娃？将来再读书，找工作。很多城市白领在写字楼里的工作状态也处于没有什么想象空间的循环往复中，他们和那个放羊娃有啥区别呢？

一些人似乎很容易把事情做成"鸡肋"，可原因究竟是什么呢？

有些地方的人做生意，一个人开咖啡馆赚钱了，另一个人就会在边上开一家炸鸡店，再有人看这边吃饭的人多，就挨着开个加油站，再开个超市，开个电影院，这样大家都能赚钱。

反观另一些地方，情况就大不相同了。一个人开包子铺赚钱了，另一个人就挨着再开一家包子铺。人家卖两元一个包子，他就卖一元一个，再来个人，拿了风险投资，搞互联网思维，倒贴，免费送包子，最后大家都别赚钱了。这听着像是笑话，但其实在一些行业中，这还真是普遍现象。比如，当年美国刚出现"团购"时，几个月的时间里就冒出多如牛毛的团购网站。每家网站再推出几十个产品，消费者怎么能从里面选出来商品啊，以至于一家公司专门开发出一个用来整合这些信息的聚合网站，还起了一个名字——"千团网"，意思是，这家网站整合了1000家团购网站。"共享单车"刚被投放到校园里时，很受大学生欢迎，一时间资本蜂拥而入，几个月的时间里共享单车就遍布城市的大街小巷，以至于天津一个专门制造自行车的小村子一时间热闹非凡。可由于恶性竞争，加上技术不成熟、管理不完善等问题，许多共享单车产商接连破产，一些共享单车则被丢弃，成了垃圾。恶性竞争一方面导致一个产业的利润率越来越低，最后竞争各方都做不下去了，另一方面又造成极大的资源浪费。

我上大学的时候，因一个偶然的机缘接触到了辩论：我们学校要参加一个全国辩论赛，我意外地被选进去了。我是辩论队里岁数最小的，本来是被当作陪练的，因为那些老大哥们都是长期接受辩论和演讲训练的老队员了，而我几乎没有演讲、辩论经历，也没有什么常规意义上的"口才"。不过很快我就成了辩论队的主力，原因就是我善于破题。我有一个特点，拿到一个辩题的时候往往就能找到那个可以一刀子戳进去的地方，抓住问题的核心，捅破那层窗户纸，下面的事情就如刀切黄油一般畅快淋漓了。

很多人都有这样的感觉，和别人就某个问题展开讨论时，如果不能抓住问题的核心，这个讨论到最后就变成了"口水仗"。我们也看到很多辩论赛，双方罗列了一大堆论据，但都没有破题的核心逻辑。公说公有理，婆说婆有理，最后变成打"太极"，表演套路，都没有打到对方的要害，最后看谁套路耍得漂亮，再获得一个评分，比赛就结束了。这样的辩论不是追求把问题说清楚，因而也变成了对心智没什么启发的鸡肋。

　　我对待辩论的态度是，一定要找到改变一般人认知层次的突破点。记得有一次全国比赛，我们拿到一个名为"高薪究竟能不能够养廉"的辩题，我们的论点是高薪能够养廉。这个题目布置下来之后，大家同样找了一大堆资料，其中有的支持高薪养廉，还有的说高薪不能养廉。支持"高薪养廉"的那些材料包括多种，比如亚洲某国公务员薪水很高，这个国家保持了廉洁和高效；不支持的资料则表明，"高薪"意味着要花更多的钱，也有不少虽然享有高薪但还是很腐败的官员的例子。这种问题在辩论中很常见，最后往往会变成捣糨糊，比如，有的辩手可能会说："高薪有高薪的好处，但不能解决所有问题。"我的习惯不是堆砌材料，而是力求把这个问题最根本的逻辑弄清楚。我不像别人那样拿到辩题就辩，口水话说了一遍又一遍。当时，对于这个问题，我一时没想到突破点，于是在我们学校的操场上一圈一圈地走，试图把这个问题想清楚。其他辩手着急了，看到我每天在操场上溜达，问我为什么还不写辩词，我说，这个问题的突破口还没有想清楚，写辩词有什么用？在操场上一圈一圈行走的过程中，直觉告诉我：高薪能不能够养廉，关键在于怎么定义这个"养"字，只有把这个"养"字讲清楚了，后面才好做文章。我走了好几天，突然有一天，脑子里迸发出一个灵感：珍珠可以养颜。那珍珠为什么能养颜呢？是因为古人认为把珍珠磨成粉抹到脸上，可以让皮肤更加光滑、滋润。但有人会问，如果东施将珍珠粉抹在脸上，就能变成西施吗？当然不能。所以"珍珠可以养颜"的意思是，如果珍珠使用得当，可以促进美貌，这个"养"是"促进"的意思，珍珠不是必要条件，也不是充分条件。想到这点，我便把全局思路打通了，我们只要论证，"高薪养廉"的真正意思是，高薪就像珍珠粉一样，是使得制度更加廉洁的一个有效促进因素，这个题目就有了突破口。想到这里，我就心中有数了，不用上场就知道这场比赛我们有把握赢了。那天我绕着操场跑了好几圈，回来之后和大家说，这个题目大家不用操心啦，按照我的思路，可以轻松拿下，让对方毫无招架之力。果然，按照我这个思路进行辩论，跟我想的一样，我们势如破竹，赢得非常顺畅。

读研究生以后，我参与了一些学术课题，也是同样的状态，我认为，有水平的人做好学问就是要找到一个好的破题方向，只要能提出一个好的研究方向，就意味着成功了一大半。但提出一个好的破题角度是很难的，科斯年轻的时候曾提出一个问题：企业的本质是什么？他认为交易成本是理解企业边界的突破点，后来写了本薄薄的小书《企业的本质》(*The Nature of the Firm*)，这就成了经典中的经典。后来的人只要讨论这个问题，就绕不过去这本书的观点，也没法超越。我见到一些人，读博读了好多年，可博士论文真的开不了题，书单列了一堆，都找不到一个破题的角度，最后读博读成了鸡肋，也拿不到学位。

后来，我给企业做咨询和策划时也是以破局思维进行切入的。能不能给一个项目找出突破点，决定了这个项目有没有爆发点。曾经有一位朋友看了我写的书，想转行做餐饮，就找我切磋。他研究出一种炸鸡粉配方，它确实有点特色，口味偏香辣，适合中国市场。但我认为，光靠口味还不够，没有什么配方能够长期保密。你能做出这个配方，肯德基假以时日也能配制出来。以肯德基的实力，推出一款产品，很快就会把你压住，使你做不出什么有想象空间的大事来。

我思考了一段时间，发现了一个突破点：在炸鸡翅、鸡腿堡方面，肯德基、麦当劳已经具备很强的优势，但是有一个品类是西方传统饮食里很少出现的，那就是鸡爪子。不少中国人极喜吃爪子——这种啃骨头的感觉。如果用他的炸鸡粉去炸鸡爪，鉴于当时国内还没有成规模做鸡爪生意的情况，他的产品一定可以大受欢迎。他听了我的建议，从品牌到产品开始着手，主打冷门的炸鸡爪，正如我所判断的那样，由于这款炸鸡爪适合中国人的口味，且比较新颖，一经推出就火遍大江南北，加盟商络绎不绝，在很短的时间内发展出一千多家门店。

破局思维可以帮你跳出框框看问题，思路转变天地宽，我身边就有一些朋友因为受到破局思维的帮助，人生和事业都有了很大改观。多年以前，我认识一位来自青海的青年唐卡画师，他北漂多年，一直无法在竞争激烈的北京画界打开局面，后来他到福建继续经营唐卡，生意才终于有了点起色，因为福建人喜欢唐卡。不过他依然有些难以解决的问题，比如，唐卡不像现代艺术那样允许创新，唐卡艺术讲究范式，有着极其规范的技术要求。因为不能创新，唐卡画师若想成名，就要"熬"年头，岁数越大越吃香，按照我这位朋友当时30岁的年纪，出名怕是要至少再熬30年。我听了他的苦恼，就想帮他出点主意。我对他说："你在福建发展，福建人喜欢妈祖，唐卡画风细腻，如果能将两者结合起来，用唐卡的技艺来画妈祖，一来可以突破唐卡的条条框框，二来可以迎合当地人的需求，按照这个思路作画，效果一定不会差。"他听了我的想法，一拍大腿蹦起来，认为可以尝试一下。他回去就开始用唐卡的绘画技巧画唐卡妈祖系列，很快就出了一批作品。这种改良之后的唐卡妈祖，登上了众多杂志、电视媒体。他本人后来还在福建省美术馆开办了专场展览，算是大红大紫了一把。

这样的例子还有很多，我认为善于破局的人能在僵局的状态下及时转变看待问题的角度，抓住问题的核心并捅破那层窗户纸。

有了破局思维，写文章会思路流畅，下笔如有神；

有了破局思维，生活可以更有方向和意义；

有了破局思维，事业会更加前途宽广。

不要怕被出难题

做事真不容易，在社会上真不容易，所以有人说："不如意处，十常居八九。"在《闻香识女人》中，那个盲眼上校说："在人生的十字路口，我一直都知道哪条道路是正确的，但我从来没有选过，为什么？因为，走正确的道路，实在太难啦。"

这些年，我身边有很多企业倒闭，没倒闭的也遇到特别多的麻烦，不光像王健林这样的大企业家麻烦事多，就算开个煎饼店，也会面临各种各样的困难，谁都可能来给你出难题，做生意太难，没做过的人不会知道。我身边还有很多律师朋友、记者朋友、学校老师，他们都说，在障碍重重的情况下坚持做个正派的人，实在太难了。

当然我们要力所能及地推动社会进步，让社会更美好，减少对人的束缚，让大家拥有更多的自由、机遇和福利。但这是我们对社会的责任和担当，至于我们自己遭遇的难处，我最近受到的启示告诉我，不要为自己遇到的困难抱怨，特别是年轻的朋友，要把工作中、人生中遇到难题当作恩典。为义受苦的人更是有福的，内心应该是快乐的。

这几天我突然回想起我小时候的经历，记得我小学一年级的时候，有位班主任老师，是教语文的颜老师，一个胖胖的非常有爱心的中年妇女，她非常欣赏我。有一次好像是区教育局的领导要来考察，旁听她的课。她在课上出了一道题，让同学们回答。有几个同学举起手来，我看到她期待地看着我，也举起手来，她就点我站起来回答。这是一道对小孩来说比较难的题目，问的好像是一堆物品和动物、植物，能用什么方法分类，结果我现场灵感大爆发，一口气说出三种归类方法，颜老师非常赞许，旁听的那些教育局领导似乎也很满意。之后颜老师还在班会上专门夸奖我，说我回答得实在太好了。还有几次，她讲课讲到比较难的问题，就点名让我起来回答。我幼小的心灵就觉得自己在小朋友中间非常有面子，直到现在都忘不了那种荣耀感，感觉老师对我真好，我上这个老师的课时也格外认真。

我想起这段经历，对眼前的事情就释然了。所以我们这些同志，特别是在年轻的时候，要以被出难题为福，一定要珍惜机会，撸起袖子流血流汗地干，要绞尽脑汁地想怎么面对困难。不被挑战，人的能量就不会激发出来；不被逼迫，你的性格就不能去除杂质，熔炼成金。所以年轻的同志们，如果你们遇到困难、挑战和逼迫，不要退缩、放弃，不要埋怨自己没有生在富裕人家，没有个好长辈给你把路全都铺好了，不要埋怨别人总给自己出难题，更别埋怨自己时运不佳。

我们遇到的难题越多，越要懂得感恩，感恩你拥有的哪怕满布荆棘的赛道。在学校里老师给你出难题是老师欣赏你；在单位里领导给你出难题是领导赏识你；在社会上有人给你出难题是社会磨练你。总之，你得以积极、乐观的心态面对各种难题，那样你才能在磨砺中不断成长。

关于破局思维，不得不说的那些事

　　决策者在关键时刻做出的选择，往往决定着整个计划的成败。正是基于这个理由，我们把目光锁定在决策者"如何想"这个维度。本书选择了历史上商业战场中的经典"决策"案例，通过描述这些案例的决策过程，向大家展示这些成功决策的背后，那些不为人知的事。

　　事实上，对这些决策过程的梳理本身就是个"艰难"的过程，这是由于决策者不可能将他的思考过程完整地告诉公众，甚至，他心中的那些"小九九"，是永远不可能说出来的。比如，小罐茶的创始人杜国楹先生向公众传达的理念是，他的产品永远在为客户考虑，但实际上，他的每一款产品、每一步营销策略都在利用目标客户的"弱点"，而这些，普通人是永远无法通过那些公开的表述获得答案的。

为了挖掘这些决策者的真实想法，我们将研究思路放在了对各种材料的交叉比对方面。我们就像侦探一样，从各种零散的信息中找到关键点加以整理，形成"证据链"，再加上合理判断，试图将一个接近真实的决策过程呈现给大家。

从这个角度来说，本书的方法论不仅利用了传统商业模式的研究方法，还融入了历史学的研究特点，即在故纸堆中找到那些关键信息，从而拼凑出一个接近真实的事件全貌，可以说，本书所呈现的这些案例，在最大程度上做到了真实。

当然，这种破局思维有其自身的局限性。比如一个股评家在评论股票的时候，往往会选择涨势最好的那只股票来分析他的技术形态如何吸引人，概念如何符合股民的心理，但这套方法是否可以复制，却是一个值得商榷的问题。如果可以将一个已经存在的牛股上涨思路套用到"面向未来"的操作过程中，就可以获取巨额"利润"，而掌握这套方法的人，即使被称为股神，也不为过，但事实上我们知道，这样的"股神"是不存在的。

但无论如何，这本书依然具有极高的价值，其关键之处就在于，通过这种抽丝剥茧的梳理，加上合理的推论，可以让广大读者从中了解到这些成功决策的思维方式，了解到决策过程中需要考虑的方向，以及如何利用现有条件，扬长避短，找到那个突围的点。而如果掌握了这种"形而上"的能力，作为读者的你，就会成为一个拥有"智慧"的人。如果再结合自己面临的实际情况，加以灵活运用，那么，你的决策即便不完美，也可以做到不出方向性的错误，而这点对于一个决策者来说至关重要。

本书将众多案例划分为四个篇章，分别为"新概念篇""新模式篇""新技术篇""新空间篇"。在新概念篇中，我们侧重于产品的"营销"，展现出企业经营者如何在传统行业中，在竞争者众多的情况下"标新立异"，让自己的产品变成消费者眼中和同行不一样的产品。在新模式篇中，您可以看到决策者如何在困境中通过"变卦"创造出一种新的模式，进行破局。在新技术篇中，我们以新技术如何改变老格局作为突破点，重点对新兴技术出现的背景进行分析。在新空间篇中，我们则以决策者面对困境时如何开辟新局面作为突破点，告诉大家陷入困境的原因。

那么，让我们打开这本书，一起成为会决策的人吧。

新概念篇

产品平淡无奇，决策者需要"无中生有"，创造一种概念。东西还是那个东西，但带给消费者的感受却大不相同。

百事可乐的"后发劣势"

曾是"山寨"品牌的百事可乐

在大众消费品领域，经常可以看到一种类型的产品中同时出现两个甚至几个竞争对手的情况。比如，在鲜奶行业，有同时诞生于内蒙古的"伊利"和"蒙牛"，这两家企业共同参与市场竞争，又在这种竞争之下不断扩大规模；再如空调领域的"格力"与"奥克斯"，这两个品牌产品类型接近，定位一高一低，但却在该领域中，销量不分上下。那么这种格局是如何形成的？作为市场"老二"的商家又是如何在"老大"的阴影下生存并分到一杯羹的？或许百事可乐的案例可以带给大家一些启发。

1963 年，一家名为 BBDO(巴腾、巴顿、德斯廷和奥斯本)

的广告公司接手了百事可乐的营销运营业务，对百事可乐进行品牌定位、广告宣传、人员推销，以及营业推广。此时，百事可乐面临的处境大致如下。

百事可乐诞生时，可口可乐已在 1886 年被一位药剂师所发明。这位药剂师从可乐树的果实中提炼出一种物质，配以苏打水，并加入糖浆，从而制造出一种药物。没想到，由于口感不错，这种药物一经推出就被消费者当成饮料，受到欢迎。在这之后，另一名药剂师模仿可口可乐的做法，并在可乐的果汁中添加了一种物质——蛋白酶来辅助消化，而这种新的饮料，就是百事可乐。

此后的数十年，可口可乐成为全球碳酸饮料的第一大品牌，百事可乐则由于诞生时间较晚，成了可口可乐的追随者。此间，市场上也曾出现过大大小小不同品牌的可乐饮料，也大都以可乐果汁液搭配糖浆、苏打水进行销售，但由于市场规模始终难以打开，最终被市场所淘汰。

此前，由于两者的配方、色泽、味道不分伯仲，为了争夺市场，百事可乐不得不采用低价方式吸引客户，他们采用容量比可口可乐大一倍的瓶子进行灌装，售价却和可口可乐一样，相当于价格是可口可乐的一半。

从这些角度来看，BBDO 接手百事可乐的营销业务时，百事可乐像极了现在我们所说的"山寨"货。"山寨"的特点包括：①比"正品"诞生的时间晚；②依靠模仿起家；③为争夺市场，以低价、实惠作为营销策略；④瞄准社会的草根阶层，用集中优势兵力重点突破的游击战术进行营销。所以，虽然百事可乐可以维持生存，但与可口可乐却有着天壤之别，也就是说，BBDO需要做的最紧迫的事情，是提高百事可乐的品牌形象。

百事需要重塑形象

可以说，BBDO虽然获得了百事可乐的大订单，但如何成功完成这个订单，却是个极大的难题，从某种角度来看，这也是百事可乐想不到解决办法，才将运营外包的无奈之举。那么此时，这家营销公司需要做些什么才能找到解决这一难题的突破口呢？

是不是可以更改可乐的配方，让百事可乐的口感更加吸引人呢？这种可能性不存在，因为消费者的消费习惯已经固化，一旦配方发生改变，就可能会失去老用户对该产品的依赖，而且新的消费群体是否能培养起来，还是个未知数。要知道，在这种市场充分竞争的快速消费品领域，每年都会诞生出数量庞大、口感各不相同的饮料品牌，但绝大多数最终都会被市场所淘汰。所以"改变"的思路不仅要保证老客户的消费需求，还要在此基础上树立起新的品牌形象以吸引"高端用户"。

我们先来看看百事可乐与其竞争对手可口可乐有哪些不同。

市场方面，百事可乐十余年来已经通过低价策略影响到可口可乐的一部分市场份额。

营销策略方面，这家营销公司发现，可口可乐一直对其经营策略非常自信，几十年来，从饮品种类到包装，再到广告策略，基本没有发生过改变，虽然它因此成了经典的代名词，但也带给人们一种陈旧、保守的观感。比如，在可口可乐的广告中，可口可乐只是将目光聚焦在产品上，演员、场景全部成了可口可乐的配角，而且，营销手段通常没有针对性，不分男女老幼，全面覆盖。

接着，我们再来看看百事可乐。百事可乐在市场竞争中的劣势不言自明：可口可乐的诞生时间比百事可乐早12年，在百事可乐进入市场之时，可口可乐早已牢牢地控制住碳酸饮料市场。一提到可乐，消费者首先想到的就是可口可乐。而且，虽然百事可乐的价格要比可口可乐便宜，但也正因如此，反而带给公众一种廉价、"山寨"的感觉，加之此时，美国社会的物质已经十分丰富，消费者早已对这种生活品的价格不太关注，不论是5美分还是10美分，对消费者来说都差不多，这时，低价策略也不再适用。这家营销公司还发现，美国社会正在出现变化。在第二次世界大战中，美国失去了大量人口，随着战后生活趋于稳定，政府鼓励生育，因此，美国出现了一轮婴儿潮。据统计，从 1946 年到 1960 年，美国出现了约 7000 万的新生人口，这使得美国人口总数一下多出来近 4000 万，而这部分新生人口，形成了一股不可忽视的消费力量。比如，婴儿潮刚出现的时候，可以带动尿布、食品、玩具、书本以及家具的销量，随着他们年龄的增长，又可以带动其他消费品的增长，而进入 20 世纪 60 年代，当这些战后婴儿步入青春期时，又带动美国社会形成了一种青少年"亚文化"。在这种和平环境下长大的孩子，大都怀着强烈的个人主义，普遍心态是实现自我、满足自我，同时非常叛逆，在这种背景下，摇滚等文化随之而来。

主打"年轻"新概念

市场环境的变化引起了这家公司的高度重视。他们首先认为，在营销策略方面，百事可乐需要有针对性地瞄准一部分客户群体。虽然此前，百事可乐的营销策略取得了不菲的成绩，但是，当这样的策略已经不能继续使用的时候，需要及时调整思维，将目光瞄准新的群体——战后成长起来的年轻人。要知道，这个时候美国社会的年轻人数量已经达到了 7000 万。而在吸引年轻人方面,百事可乐相比于可口可乐,有着得天独厚的优势:可口可乐虽然诞生时间早,树立了极其稳固的品牌优势,但这种经典的形象对叛逆的年轻人来说,反而没有什么吸引力。年轻人最看不上的就是老套、过时的东西,而百事可乐比可口可乐整整小了 12 岁,由百事可乐代言"年轻",再合适不过。

而且,针对年轻人制订的营销策略还可以为未来做打算。随着年龄的增长,年轻人会逐渐成为社会的主要消费力量。虽然百事可乐现在比不过可口可乐,但如果把年轻人的消费习惯锁定,让他们从小就将百事可乐的品牌形象树立在心中,那么随着时间的推移,迟早有一天,百事可乐会掌握主流人群的消费习惯,正如一句话所言:谁掌握了年轻人,谁就掌握了未来。

此外,将百事可乐打造成年轻人的品牌,还可以将产品塑造成健康、积极进取的代名词,不但可以倡导年轻人从不良的亚文化中走出来,拥抱运动与健康,给年轻人父母带来好感,提升品牌的美誉度,还可以让那些不服老的老年人找回年轻的感觉;更加重要的是,在百事可乐成为年轻代名词的同时,还暗示其竞争对手可口可乐是落伍、守旧的东西,从而牢牢抓住年轻消费者的消费心理。

乌鸡变凤凰

接下来，百事可乐就将营销的重点放在了树立"年轻"这一品牌形象上面，以"新一代的选择"作为新概念进行营销，年轻人喜欢什么，百事可乐就拿什么作广告：音乐、体育、酷炫文化、独特的新潮体验和内涵有风格的创意，无不成为百事可乐的广告创意。

例如，1994年，百事可乐发现美国的年轻人对迈克尔·杰克逊十分着迷，就用500万美元邀请迈克尔·杰克逊成为品牌的形象代言人并制作广告。该广告播出仅仅一个月，百事可乐的销量就出现了直线的提升。

对于中国市场，百事可乐同样是这么做的。20世纪90年代，百事可乐邀请中国年轻人喜欢的郭富城、王菲和瑞奇·马丁作为形象代言人；新世纪之初，又邀请了F4等当红明星加盟百事可乐，至此，百事可乐成为酷炫文化代名词的战略已经渐渐成形。

酷炫文化的创建不仅要基于产品本身，还要通过整个产业链的布局，将这种文化延续下去。围绕"新一代"这个概念，百事可乐对其品牌进行了多元化的经营，不仅开发出美年达、七喜等碳酸饮品，还开发出一系列运动品牌，通过运动服饰等产品将百事可乐朝气蓬勃的形象再次展现在公众面前。

通过这些努力，百事可乐一扫之前低价、草根的"山寨"形象，转而成为年轻、活力的代名词。与之相伴的不仅是产品价格的提升，还有市场份额的逐步扩大。20世纪50年代，百事可乐与可口可乐的销量比是1:5，而到了1965年，百事可乐与可口可乐的销量比已经变为1:2.3，两者的差距越来越小，而今百事可乐已与可口可乐一同进入世界十大著名商标之列。

事实证明，在大众消费品领域，后进入市场者存在着生存空间，关键是要在面对市场"老大"这一拦路虎之时，作为市场"老二"的商家应能找到与先行者之间的不同点，并利用这种不同制订差异化的营销策略，以此获得市场份额。

农夫山泉：重新定义"水"

一句经典的广告词

"我们不生产水，我们只是大自然的搬运工。"这是一句耳熟能详的广告语，在我看来，这是经典中的经典。农夫山泉通过多年来在不同广告中投放这句相同的广告词，已经使这句广告词变成了一种文化。网络上，广大网民对这句话加以修改，创作出各种广为传播的段子，而这进一步促进了农夫山泉品牌的普及，甚至在广大消费者心目中，农夫山泉似乎已经从一家瓶装水的生产商变成了"天然水"的物流商。依靠这句广告词，农夫山泉也受益颇丰，不仅在市场众多竞争者中脱颖而出，市场份额也不断提升，目前这家厂商已经占有中国饮用水市场25%的份额，成为行业老大，甚至在世界饮用水市场中，它也备受欢迎。那么，我们来看看，农夫山泉是如何通过这则简短的文案逐步壮大的。

腹背受敌的饮用水市场

2008 年，由于全球金融危机的到来、同业竞争的加剧，农夫山泉面临着市场份额下滑的尴尬境地，可以说，此时的农夫山泉遇到了一系列亟待解决的难题。

我们不妨先来看看当时的市场环境。那时，中国正被一系列食品安全问题所困扰："地沟油"、纸壳馅包子等恶性食品安全问题余波未平，接着又爆发了牛奶行业的"三聚氰胺"事件，同时自来水污染问题也变成大家热议的话题。消费者普遍认为，自来水已经不安全。在此情况下，越来越多的人开始饮用纯净水，不管是在家，还是出门在外，人们都逐步接受了瓶装饮用水。

按理说，这样的市场环境对于瓶装水生产商来说是个绝佳的机会，可问题是，瓶装水似乎也不安全，像"用自来水灌注成纯净水"这样的丑闻，同样困扰着消费者。而且事实上，瓶装水行业并非一个出"黑马"的行业，相反，由于产品仅仅是水，而水这种东西无形、无色、无味，又普遍存在于大自然之中，消费者根本没办法从水的口感、味道、气味等特征中找到差别，这导致瓶装水行业几乎没有行业壁垒，且竞争激烈。仅就农夫山泉加入饮用水市场的 1996 年来看，这个行业内的企业已经达到 1200 家，而伴随着娃哈哈、乐百氏、康师傅等大型食品企业的加入，瓶装水市场的竞争程度变得更加"惨烈"。

根据这样的业态，各大饮用水品牌基本都是通过加大营销力度进行产品销售的，手段也无非就那几种：要么做广告，要么雇销售人员在实体店进行促销。事实证明，对于这种简单的营销手法，随着时间的推移，效果正逐渐减弱。2008 年，农夫山泉管理者发现，它再也不能像之前那样，花点钱请几位明星喊两嗓子就可以坐收订单了，无处不在的广告已经使消费者对广告产生了"免疫力"，他们常常刻意地选择回避，以抵抗广告对他们的影响。

树立新概念

重重难题面前，农夫山泉股份有限公司必须找到一个突破困境的方式，而具体如何突破，最终还是要靠营销。可如何通过营销获得市场份额提升，达到销量大增的目标呢？这时，一种名为"差异化"营销的理论呈现在农夫山泉管理者面前。该理论出现在 20 世纪 50 年代，大致的意思是，人们购买产品时往往注重产品的质量和独特性，如果将一种产品的功能作为主要诉求点来进行描述，无疑可以吸引消费者的注意力，不过这还不够，如果在营销过程中向消费者介绍产品独特的卖点，强调产品的差异，那么在买方市场的情况下，则可以最终带动产品的销售。

通过该理论可以发现，饮用水这种快速消费品若想在市场中站稳脚跟，其中一个方向是通过展现产品外在特性上的不同进行差异化销售，比如展现包装设计的颜色、品牌的名称等；另一个更加重要的方向是，通过树立一种新理念，展现出产品的内在特征，让大家意识到产品的与众不同之处。

那么，在这两条路径中，究竟哪一条更适合农夫山泉呢？显然，简单变换包装、提升产品质量的方式早已被市场中的各类竞争者玩了个遍，不足以吸引消费者的目光，农夫山泉必须通过第二条路径寻找突破口。不过，如何从一瓶平淡的纯净水中找到差异性呢？

我们先来看看农夫山泉的发展历程。农夫山泉的前身是浙江千岛湖养生堂饮用水公司，1996 年改名为农夫山泉股份有限公司，1997 年这家公司开始生产"纯净水"，2000 年之后，它决定放弃生产"纯净水"，转而以生产产自千岛湖的"天然水"为主，此后，它一直围绕着"天然水"这一产品核心拓展其业务规模。

2000 年之后，农夫山泉大手笔投入，从浙江的千岛湖开始，陆续购买了珠三角万绿湖、湖北丹江口以及东北长白山、陕西秦岭的水源地，而在当时，其他饮用水厂商还在以"纯净水"

作为主要产品。纯净水的技术简单，通过过滤膜将原料水（比如自来水）进行过滤，产品就成为"纯净水"，如果再在其中加入一些矿物质，它就变成了"矿泉水"。

农夫山泉已经针对这一产品特点进行了多年的理念普及，试图让消费者认识到天然水"优"于纯净水。比如，它通过媒体宣传一项"实验"，其中，"实验员"栽下两盆水仙花：一盆用农夫山泉的水浸泡。另一盆则使用纯净水进行浸泡。结果显示，浸泡农夫山泉的水仙花，开花茂盛，而在纯净水里生长起来的水仙却不开花。这种潜移默化的理念普及使得消费者的内心出现了一些变化：纯净水喝多了，没什么好处，而产自大自然的水则要比纯净水健康得多。

农夫山泉的另一个优势是，这家公司已经拥有较高的市场份额和品牌知名度，且已经与康师傅、娃哈哈等品牌共同占据市场份额前三甲的地位。这一市场优势的重要性不言而喻，通常消费者选定一种快速消费品的品牌之后，会形成一定的惯性，这意味着，此时的农夫山泉已经拥有了稳定的客户基础。

第三个优势在于营销团队。从某种角度来说，农夫山泉属于自带营销基因的公司。这家公司的创始人钟睒睒早年就是通过保健品销售积累起人生第一桶金的。20 世纪 90 年代，钟睒睒创立了一家名为养生堂的公司，先后制作出"朵而""成长快乐""成人维生素"等一系列的保健品，它们与其他保健品

(如三株口服液、巨人脑黄金、沈阳飞龙等)一同出现在市场中。在此期间，钟睒睒在营销方面做足了功夫，他针对这些成分简单的营养品，用讲故事的方式不断树立起各种新概念，并着力进行推广。比如，"朵而""成长快乐""成人维生素"这三款产品本质上都是维生素，但养生堂却将用户进行细分，针对不同的客户群体开发出不同的保健品，并通过打广告提升产品销量。针对妇女的化妆品称为"朵而"，针对青少年的名叫"成长快乐"，针对成年人健康的称为"成人维生素"，这让该公司获取了不菲的利润。这段经历让钟睒睒成了营销领域的高手，他甚至说过："我做企业这么多年，就是为了可以随心所欲地做广告创意！"

不过，在众多的竞争者中，运用差异化营销方式的并非只有农夫山泉一家。事实上，当时的市场上早已经出现各种新概念的饮用水产品，比如，矿物质水、富氧水、能量水、蒸馏水等产品无不是在概念上对水产品进行创新和营销。所以，从运用差异化营销的方式来看，农夫山泉并没有占据绝对的优势。

经典的诞生

拿农夫山泉的状况与竞争对手做一个简单的横向比较，我们就可以发现，一方面，农夫山泉与其他饮用水的不同之处体现在"天然水"和"制造水"上面。竞争者主打的概念是"纯净水"，而在当时民众的普遍观念中，纯净水没有营养，除了具备解渴的功能，对人体没有其他用处，而"天然水"无疑可以带给消费者一种感觉：这种水是天然生成的，健康，没有污染。这种感观正好契合公众对食品安全担忧的心理。

另一方面，农夫山泉需要面对其他利用新概念进行营销的竞争者，比如那些富氧水、负离子水品牌。事实上，这些品牌早就已经开始玩这种差异化营销的套路。那么如何通过树立一种新概念，将其他竞争者"比"下去呢？

这就需要在营销过程中加入其他因素，比如情感。事实上，这种营销思路也早已被各种实践和理论所证明。早在20世纪70年代，人们就认为，营销不能局限在产品本身的功能上，而是要通过各种手段，将产品带给人们的情感体验作为诉求重点，构建与消费者的共鸣，进而增加消费者的好感，最终达到扩大销售规模的目的。

经典为何成为经典

于是，一条经典的广告语"我们不生产水，我们只是大自然的搬运工"应运而生了。在此之后，农夫山泉每做一条广告，都要在广告的结尾处打出这样一句话。它通过简洁的语言树立了一个新概念：虽然水还是水，但它的水是来自大自然的“健康水”。

从内容来看，这条广告语将农夫山泉与传统的饮用水区分开来。传统的饮用水是生产出来的，而农夫山泉则是将大自然之中的水搬运过来的。这一区分使得该产品符合“独特”的营销定律。

从语义来看，该广告语将农夫山泉拟人化了，拉近了产品与消费者之间的距离，使得人们更愿意接受一位快递员送来的包裹，而这个包裹恰恰给城市人带来了他们所渴求的自然之美，这符合产品营销中的情感化表达定律。

关键之处在于，这条广告语还抓住了公众关注食品安全的有利窗口期。由于产品来自于大自然，与传统自来水加工的纯净水相比，它可以使人的健康得到保证，这就形成了一种竞争优势，有利于吸引消费者中的主流人群，为其持续占有市场份额，培养用户的忠诚度打下良好的基础。

不仅如此，这句广告语还巧妙占领了信息优势的制高点。事实上，生产方和消费方往往存在着某种信息不对称，生产方往往就是通过这种双方之间的信息不对称来获取利润的。比较经典的案例是，百余年前，中原地区的很多汉人在与蒙古人做生意的过程中都会大发横财，他们可以用一麻袋的胡萝卜换回蒙古人的一只羊，而他们依靠的恰恰是这种“信息不对称”。

从本质来看，不管是纯净水还是"天然水"，都是水，并没有什么不同。天然水暴露在大自然之中，本身带有细菌、微生物等杂质，只是由于天然水的流动性，这种水不会立刻腐败，然而，一旦将这种水装入瓶中，由于温度和流动性不足，它很快就会腐败。因此，所谓的天然水同样需要像纯净水那样经历加工环节，通过层层过滤，将导致腐败的微生物等杂质去除。所以说，完全的瓶装"天然水"并不存在。况且在当时，为了减少开发成本，有不少纯净水品牌和农夫山泉共用一块水源地。然而公众对此并不知情，农夫山泉通过一句简短的广告语将天然水的概念进行了"偷换"，将经过加工的"自然水"替换成了"天然水"，从而使广大消费者认为农夫山泉是大自然水的代名词。而农夫山泉则通过这句广告语由一家水的生产商变成了水的物流商。

通过这句看似平实无华但却内涵丰富的广告语，配合其他营销手段，农夫山泉终于从 2008 年的危机中走了出来，并在此后的十年间，稳坐中国瓶装饮用水行业头把交椅。

新模式篇

随着时间的推移、空间的变化，原有模式不适用于当下环境，这就需要决策者改变方式，突破瓶颈，创造一种新模式来应对。

英特尔：一家有市场感的元器件供应商

奔腾，行业的代名词

当个人电脑还属于一种价格昂贵、操作烦琐的商品之时，很多人即便不懂，也会在谈论这种新奇物件时随口问一句："这款电脑，是奔几的？"所谓的奔几，是指奔腾3、奔腾4或奔腾5，特指英特尔公司研发出来的中央处理器的型号。甚至可以说，在那个时代，"奔腾"已经成了个人电脑的代名词。可是我们知道，电脑若离开了内存、主板等其他零部件，照样不能运转，那么，为什么广大消费者不关注品牌或内部其他关键部件，而只对英特尔研发的处理器印象深刻呢？

其中最重要的原因是这家公司采用了成功的营销策略，我们现在就来看看，英特尔是如何做到的。

被下游企业所控制

英特尔公司作为一家以生产芯片为主的半导体公司，自 20 世纪 60 年代推出世界上第一款微处理器以来，极大地推动了个人电脑的普及。此后，英特尔凭借着强大的技术优势，不断创新生产工艺和技术架构，使得个人电脑性能不断提升。

不过这样的情况在 20 世纪 90 年代初发生了变化，这是由以下几个方面造成的。

第一，因为该公司生产的微处理器只是个人电脑的一个部件，所以英特尔必须为下游的电脑生产商供货才可以获利。20 世纪 70 年代末，英特尔最重要的合作伙伴是 IBM，英特尔会根据 IBM 的需求专门设计芯片架构。这种状况下，英特尔的经营严重依赖下游厂商，使英特尔公司成为下游制造商的"跟班"。1986 年，当英特尔推出 386 处理器时，遭到了除康柏公司之外的其他电脑厂商的联合抵制。他们认为，新研发的芯片需要厂商重新设计配套方案，而现有的方案已经可以满足自己的需求，不需要重新设计。

第二，电脑行业蓬勃发展带来丰厚利润，使得越来越多的竞争者加入电脑配件的研发、生产和销售中，其中就有 AMD 公司，他们与英特尔公司展开激烈的竞争。1986 年，当英特尔开发出 386 微处理器时，AMD 随即将其开发的新产品命名为

AMD386。可当英特尔以"386"侵权为由将 AMD 告上法庭时，法庭却以数字不能构成侵权为由，判决英特尔公司败诉。

第三，20 世纪 80 年代末，随着技术的进步，电脑技术日趋成熟，个人电脑逐渐从原来的集成化向模块化过渡，消费者只要稍懂一些电脑知识，就可以买来配件、自行组装一台满足个性化需求的电脑。这样，品牌电脑厂商的市场空间就被一步一步蚕食掉了。

绕开伙伴，独辟蹊径

这些变化被英特尔公司的决策层觉察，他们认为，眼前的这些难题已经成了英特尔公司的发展障碍。比如，英特尔辛辛苦苦研发出来的新产品，如果不能马上投放到市场中，势必会损伤公司的研发能力，长此以往，英特尔作为行业领军者的地位会发生动摇。不过，这些问题的根源在哪里？

问题的根源是目标客户选错了。此前，微处理器厂商只能通过与下游集成商合作的方式进行经营。可英特尔发现，新技术的出现阻碍了下游企业获取短期利润，在这种情况下，必须打破现有格局，树立一种新销售模式，直接面对消费者。这样，一来可以吸引越来越多的组装电脑消费者选择自己想要的产品，二来能让消费者倒逼下游厂商做出选择。不过，相比于此前的厂商型客户，普通消费者有以下几个特点。

首先，普通消费者数量众多且分散，交易过程简单。其次，这些客户购买一次产品后，再次购买的能力有限。最后，相较于厂商客户，普通消费者较为感性，他们更加在乎产品的外在表现、感官冲击和心理感受。

既然发现了这些不同，接下来就要找到相应的对策。当然，商业历史中已经有类似的先例可供参考。比如，风靡一时的"的确良"就是由一位英国人发明的，然而，普通消费者并不会直接购买这种特殊面料，而是需要借助中间的服装加工商，间接消费这种产品。这种情况下，厂商并没有仅仅把目光聚焦在和他们有直接联系的服装加工商上，而是对这款面料进行包装，为它起了一个脍炙人口的名字"的确良"，通过品牌形象的塑造，向普通消费者传达产品的优点，从而大大提高了该产品的销量。再比如，录音机上使用的杜比音频系统、不粘锅中的特氟龙等，都是通过这种方式提高自身销量的。

通过对这些案例的分析，英特尔公司认为，因为厂商客户对广告宣传和品牌等外在因素并不敏感，所以英特尔之前并没有在品牌形象上面下功夫，甚至连产品型号，也是以简单的数字进行命名，比如8086、80286、80386、80486等，在公众面前，英特尔公司就形成了一个刻板的技术提供商形象，这样的形象适合与厂商打交道，但不适合直接与消费者打交道。如果在接下来的经营中，可以突出自己的品牌，并被广大终端消费者认可，英特尔就可以实现绕开企业合作伙伴、直接和终端客户打交道的目标。

从刻板到个性

为此，英特尔采用了以下几个关键的策略。首先，英特尔不再采用此前以数字型号命名的方式，而是通过全球征名，将旗下最新款的微处理器命名为"奔腾"(Pentium)，这个词，中文翻译为"奔腾"，意味着 Intel 的芯片是一颗奔腾的"心"，代表了电脑的高速运转。接着，英特尔公司与下游生产商达成协议，要求所有电脑主机前必须贴上一张印有"Intel Inside"的标签。接下来，英特尔还一改只为集成商服务的刻板形象，开始花费大量的资金做广告，用象征高科技的蓝色作为主色调塑造品牌形象，在消费者心中树立起英特尔行业领军者的形象。

通过这些策略，英特尔将个人电脑市场的话语权牢牢掌握在自己手中。此后，下游的电脑组装商需要根据英特尔研发出来的最新款芯片，设计并组装最新款的电脑。最关键的是，英特尔通过此举收获了巨额利润，而这个营销战略则成为商业史上的一个经典案例。

消费心理与"汉卡"的诞生

汉卡是什么

早期电脑中，研究人员将汉字输入方法以及驱动程序固化在一张存储器上，制作成一张扩展卡，这就是汉卡。

这一张小小的卡片给中国高科技市场带来的变化可谓举足轻重。从技术的角度来看，汉卡的普及使早期电脑的运行速度得到了保障，扩大了电脑在中文环境下的使用范围；从市场的角度来看，汉卡暗合了用户的消费心理，使得整个"汉显"市场呈现出蓬勃发展的态势，进而带动了整个个人电脑产业链的发展。最为关键的是，汉卡的出现解决了当时软件行业普遍存在的"盗版"问题，下面我们就来看看，这一难题是如何被破解的。

汉卡出现的背景

在拿起手机就能输入汉字的今天，很多人可能想象不到，在 20 世纪 80 年代，通过电脑实现汉字显示，并不是一件容易的事情。那时，个人电脑刚刚进入中国，由于没有汉字处理的能力，其应用范围大打折扣。

当时电脑市场展现出以下几个特点。

市场上，只有少数"有钱"的单位能买得起电脑。1986 年，一台 IBM 台式机大约需要 4 万元，用这些钱，可以在北京买一套房，高昂的价格阻碍了电脑在个人用户中的普及，而单位用户对价格不敏感，只要它对工作有用处，这些用户就会花钱购买。

此时，不仅电脑硬件价格昂贵，应用软件也不完善，虽然有一些国外的软件可供使用，但显示的全是英文，甚至连操作系统也是英文版本的 DOS，用户只能望"屏"兴叹。

即便当时存在少量的"汉显"软件，但大多是"软汉字"系统，这种汉字显示方式存在着很大的弊病，需要不断地调取电脑内存。要知道，早期的电脑内存很小，频繁调取内存会造成资源耗费过多，使得电脑运行速度变慢，这种情况反过来又制约了电脑的普及。

为此，诸多研究者对电脑汉字处理进行研究，包括汉字输入、显示、打印、字库等方面。

小试牛刀

这时，以倪光南为代表的联想公司登场了。联想集团的前身是中科院计算机研究所的下属公司，这家公司在 1984 年 10 月成立，最初只有 11 人。这家公司的经营业务包括买卖电子表、旱冰鞋，为客户验收电脑、讲课、拆装电脑、维修电脑等。经过对市场的缜密分析，联想公司技术团队集中力量解决电脑在汉字显示过程中运行速度慢的问题，他们将之前的一项研究成果应用到电脑上，开发出一个基于个人电脑的扩展卡，将本该在硬盘中存储的软件写入一个单独的硬件，并将这个硬件命名为"汉卡"。

联想的这款"汉卡"在 1985 年一经推出，就大受欢迎，当年就实现了 3200 万元的营业额。汉卡之所以能够大获成功，主要有以下几个原因。

首先，它不需要调取电脑内存，而是使用专门的硬件，这使得汉字处理速度加快，比如在 IBM PC/XT、AT 系列微机上插入汉卡后，汉字显示、打印速度要比放在硬盘上的"软汉字"操作系统快十几倍。

其次，这款硬件提供了一套汉字操作系统，让用户可以在该硬件中处理汉字信息，还将庞大的汉字字库和部分关键程序固化在可擦编程只读存储器 (EPROM) 中，从而节省很多内存空间，使得一些需要较大内存的系统软件和工具软件得以正常运行。

最后，这款硬件还可以在汉字操作系统的支持下，进行中英文混合编辑、排版、打印等。由于能够模拟打印结果，在一定程度上节省了纸张，缩短了排版时间。

"汉卡"在竞争中如何取胜

从技术角度来看，汉卡可以在实现汉字显示的同时，加快电脑运行速度，拥有不少优势。但一款产品不仅要有技术的优势，还要符合市场的需求，才能被视为成功的产品。从这个角度来看，汉卡也有不少问题。

"汉卡"在市场竞争中并非没有对手，其中"四通公司"无疑是最强大的一个。此前，这家公司研制出一款专门的电子汉字打字机，它可用来打印文件，虽然单台价格高达2万元，但仍然供不应求。1986年到1990年的四年时间里，这家公司累计售出10万台这种打字机。究其原因，主要是因为这款打字机的价格比电脑价格便宜一半，且可以完成汉字处理，简单实用，可以满足当时国内大多数企事业单位的办公自动化需求。虽然技术落后于电脑，但这种高性价比和市场定位准确的打字机产品，对以汉卡为首的电脑汉显系统形成了一定的压力。

此外，市场中还存在着另一种廉价的汉显方式，即软件的汉显系统。这种系统类似于现在的汉化软件，将程序写在一张软盘当中，只要将其插入电脑，就可以实现汉显功能。其凭借廉价的特点，对"汉显市场"形成较大冲击。要知道，电脑在当时属于贵重物品，如果再加一块价格高达4000元的板卡，就会增加用户的负担。4000块钱可相当于当时一个中国人一年的薪水。

产品结构决定市场规模

汉卡虽然在技术方面具有其他竞争品所不具备的优势，但因为价格较高而难以普及，可以说，此时的汉卡遇到了难题。难点在于，如何让消费者在享受这款产品所带来的便利时，可以接受它相对高昂的价格。不过，这个难题很快就被加入汉卡的众多精明商人给破解了。接下来的数年中，汉卡的市场规模不断扩大，究其原因，是这些厂商在开发汉显市场的过程中发现了一些产品性价比之外的情况。

由于价格昂贵，电脑多集中在机关单位使用，而机关单位在采购商品方面的考量和普通家庭存在着很大不同。家庭采购的特点是只要有需求，财力也允许，就会购买；机关单位则不同，需求被提出之后，需要申请，最终由领导来决定是否购买，也就是说，使用者和决策者出现了分离。而此时，刚刚改革开放的中国，机关单位领导普遍存在着老龄化和知识储备不足等问题，他们对电脑的认知非常浅薄，掏出数万元买台电脑并不会让他们觉得心疼，但若要花几千元购置一套软件，他们就会大惑不解："不就是几张盘吗？哪能值那么多钱！"于是，相关办事人员只好自寻渠道，复制汉化软件。这样做的结果就是很多软件开发商的利益受到了损害，进而导致开发意愿下降。

而这时，"汉卡"的优势就体现了出来。首先，汉卡技术可以保障版权。这种技术将软件固化在电路板上，这样就卡住了复制软件的途径，非专业人员根本无法复制、仿制，这样可以有效地遏制盗版行为，激发相关软件公司的开发愿望。其次，汉卡暗合用户消费心理：与存储在10元钱一张的软盘中的软件相比，汉卡的物理介质是一块电路板，购买电脑的决策者——单位领导在看到这种产品之后，直觉会告诉他，消费这种产品，这笔钱花得值，这是一个看得见、摸得着、用得上的办公用品，就如同买钢笔还需要配墨水一样。最后，这款产品的性价比也比较吸引人。正如史玉柱所认为的那样，当年，他开发汉卡的一个动机是看到他所在单位里既有一台打字机，又有一台电脑，而只要花几千块钱给电脑配备一张板卡，就可以实现比打字机更强大的功能。当用户发现只要花少量的钱，就可以将一台价值2万元的打字机所具备的功能集成在电脑之中时，用户一定会选择购买一台配备了汉卡的电脑，而放弃打字机。

对用户来说，通过购买汉卡，既可以节约成本，又可以买到一个看得见、摸得着的东西；对开发者来说，开发一张板卡可以有效避免盗版，使软件开发所付出的成本迅速得以回收，利润还极其可观；对经营者来说，经营卡类产品利润高，且社会需求量大。

在看到这种可以实现用户、开发者、经营者三方共赢的特性之后，众多厂商纷纷加入"汉卡"的研发工作中。在联想公司发明汉卡之后的十年间，研发、经营汉卡的企业不断涌现，包括联想、金山和巨人等公司，同时出现倪光南、求伯君和雷军这样的 IT 精英。到 20 世纪 90 年代初，市场上各种品牌的汉卡不少于 20 种，包括巨人、信通、四通、王码、瑞星、晓军等，商业价值极其可观。联想公司销售了 16 万套这样的卡片，光税款就缴纳了近亿元。史玉柱同样具有代表性。现在的史玉柱早已身居富豪行列，他从富豪变穷人，又翻身重回富豪的故事，早已被人津津乐道，但人们有所不知的是，史玉柱的第一桶金就是从汉卡中赚到的。早年间，他将开发出来的汉化软件存储在软碟中进行销售，不过很快该软件就被盗版了。吸取教训之后，他赶忙在第二版的升级款软件中，将软件内置在集成电路板中，将它做成了汉卡，从而杜绝了盗版，从此，大笔资金不断流入这位传奇人物的口袋。

当然，后来的汉卡没落了。20世纪90年代，Windows操作系统兴起，它自带汉语且具有方便、快捷的使用特性，因此这款操作系统迅速占领了用户的电脑桌面，汉卡这样的产品迅速沦为鸡肋，从市场中淡出。不过，从产品营销的角度来看，汉卡的故事依然值得广大决策者关注，因为商人的经验一再告诉我们：读懂人性，并懂得利用这点去销售产品，钱就会源源不断地流入口袋。

免费是个赚钱的好办法

免费可以盈利

当你发现辛苦开发的成果刚刚投放市场没多久，还没盈利就被别人"山寨"时，当你刚刚给自己的产品定出价格，却发现别人已经用低价抢占了市场时，面对这样的难题，你应该如何应对？或许，"免费"是一个办法。

在公众的印象里，免费意味着自断财路，然而诞生于世纪之初的奇虎360却用实际行动证明了通过免费也可以实现盈利。2006年，奇虎360推出免费的安全卫士与杀毒软件，到2009年，这家公司实现盈利420万美元，2010年，业绩更是增长了102%，达到850万美元。接着，它更是在2011年赴美上市，可谓一路凯歌。我们来看看，奇虎360和它的创始人周鸿祎在困难重重的环境下是如何做到的。

如何洗白自己

创办奇虎360之前，周鸿祎背负着一个"流氓软件之父"的骂名，而这要从1998年说起。那时正值中国互联网企业的萌芽期，互联网服务也很初级，想要上网，就必须在浏览器中输入英文网址，这给中国的互联网用户带来了极大的困扰。周鸿祎发现了这个机会，创办了一家名为"3721"的公司，主打"用中文上网"产品。用户只要安装了这家公司的"3721"软件，在浏览器的地址栏输入中文之后，就会自动跳转到相关网站，因此，这款软件实现了用中文登录网站的功能。

然而为了实现盈利，这家公司在运营过程中开始走歪门邪道。他们欺骗网民安装软件，然后锁定电脑系统的注册表，使得软件无法被删除，并以此发售大量广告来赚钱，由此，该软件被业界视为"流氓软件"。"3721"通过此举获得了大量利润，在其影响下，竞争者纷纷效仿，众多从业者相继开发出类似的"流氓软件"，从中牟取暴利，使得当时的互联网生态一片乌烟瘴气。而大家也都把矛头对准了周鸿祎，认为他就是中国互联网乱象的罪魁祸首。

2005年，周鸿祎背负着骂名退出"3721"，次年创办奇虎

360。这时的周鸿祎想做的第一件事情就是洗刷自己"流氓软件之父"的名声，为此他将目光瞄准了互联网安全市场。而在当时，中国互联网安全领域呈现出一片乱象。

一方面，互联网中存在着大量电脑病毒与流氓软件，这些病毒或以牟利为目的，或以偷窃客户信息为目的，利用互联网的特性进行传播，轻则弹出骚扰广告和工具条，用于窃取用户信息、消耗系统资源，重则删除电脑信息，盗取用户金融资产。这些行为令用户不堪其扰，因此而造成的经济损失规模巨大，在这样的互联网使用环境下，几乎每台电脑都会配备一款杀毒软件。

另一方面，互联网安全行业中却充斥着盗版行为。虽然当时国内最大的安全软件企业瑞星拥有个人用户八千余万、企业用户十余万，正版市场占有率高达70%，但即便加上行业排名第二、第三的金山和江民软件的用户，使用正版杀毒软件的用户不过1.1亿人，要知道，那个时候，中国存在着2.5亿台电脑。真实的情况是，虽然几乎每台电脑都配备了杀毒软件，但这些软件大都是盗版的。按理说，杀毒软件没法盗版，因为需要定期更新病毒库，只要厂商从这方面加以阻止，那么即便用户安装了盗版杀毒软件，一段时间之后，这些软件也会失去作用。不过，这种想法太小看那些盗版软件的能力了。有的团伙会对杀毒软件进行破解，私自搭建杀毒软件的升级服务器，并低价出售。还有的杀毒软件厂商为了抢占市场份额，通过论坛、贴吧散布一些"公用"杀毒软件密钥，让用户免费使用他们的软件。在这种情况下，中国使用正版杀毒软件的用户规模不到50%。

盗版软件的横行极大地损伤了一些企业的利益，但当时的法治环境使它们只能自己花钱打击盗版，而这类工作会浪费这些企业大量的人力、财力和物力，加之软件盗版的方式还在不断翻新花样，使得猫永远追不上耗子奔跑的速度。另外，软件市场的大环境也对这些企业不利。大家总认为，为什么要一年花上几百块钱去"买"一款杀毒软件呢？互联网上，各种电影、电视剧、电子书，还有聊天的QQ，都是免费的，甚至连操作系统都是装机商免费给装上去的，凭什么单单给你贡献一笔钱？

但这种状况在奇虎360的创始人周鸿祎看来，却存在着极大的机会。

首先，电脑安全软件因为"杀毒保平安"的特殊属性，在电脑病毒肆虐的互联网使用环境下，不管是对企业还是对个人而言，都是一个必需品。对于经济状况较好的人来说，几百元的"保护费"无足轻重，但对于大多数消费者来说，几百元也是不小的一笔钱，要让他们掏钱买软件，难度极大，而这就造成一个市场"痛点"：如何满足那些想占便宜的电脑用户的需求？

虽然互联网安全市场大体格局已经定型，但并不是没有突破口，要知道，这十几年之间，虽然各种各样的病毒层出不穷，但各家的核心——杀毒引擎却几乎都没有更新过，每一次升级，其实都是在原有基础上做些外表的装饰，再简单地更新一下病毒库。在周鸿祎看来，这些互联网安全企业是在"坐吃等死"。

当然，周鸿祎需要面对的问题也有很多。例如，虽然市场空间不小，但新进入者扩大市场份额的难度却很大。那时周鸿祎对卡巴斯基的市场状况做过调查，作为一家国际大型电脑安全企业，卡巴斯基在中国的年收入也仅达到几百万元的规模，而这些利润绝大部分还是企业级市场贡献的，个人市场几乎都被盗版的卡巴斯基所占据。如何在扩大市场份额的同时让自己辛苦开发出来的软件不被"盗版"，就成为一个令人头疼的问题。在那个时候，开发一款软件的成本大概需要上亿元，如果刚开发出来没几天就被别人偷去，岂不是赔了夫人又折兵？

不过，周鸿祎此时的优势依然非常充足。其一，大学时代周鸿祎就参与研发过"杀毒卡"；其二，周鸿祎深耕互联网多年，毕业后在担任方正集团程序员期间，与只比他大一岁的金山公司副总雷军成为朋友；其三，在创办"3721"之后与互联网信息中心交恶的过程中，他熟悉了互联网行业竞争的基本套路与"打法"；其四，有钱。当年"3721"以 1.2 亿美元的价格出售给雅虎，周鸿祎仅靠这次股权转让就已身价不菲，而且他在创办"3721"的过程中，经常混迹于创投圈，而当时该网站的投资人之一就是著名投资人王功权。

免费只是幌子

具备如此优势，只需要考虑如何去做。钱的问题已经不用周鸿祎发愁，在互联网领域，只要你点子好、创意好，并且有一定的人缘，就会有源源不断的"热钱"供你用。所以在创办奇虎360之初，周鸿祎就争取到红杉资本、鼎晖创投、IDG、高原资本、红点投资、Matrix Partners 等投资商的认可，它们先后为奇虎带来总共约 5000 万美元的风险投资。在 360 自立门户之时，360 安全卫士又取得了奇虎原股东 3.6 亿元人民币的注资。这些充裕的资金为 360 抗住了初期亏损的巨大压力。

从周鸿祎过往的言行中，我们可以看到他创办 360 的初衷是为了改善中文互联网市场上流氓软件泛滥的状况，想做一个公益项目，清理一下市场环境。而事实上，他创办 360 并非仅仅为了"洗白"身份这一个目的，从奇虎的众多投资人也可看出，周鸿祎想做公益，是个人选择，但这些创投资本却是要盈利的，因此，如何赚钱一定是 360 创办之初就已经考虑到的事情。

那么，互联网市场如何才能盈利呢？按照之前的模式来看，其一，要有用户基础。这是因为，随着带宽、储存、计算能力等方面费用的不断下降，软件产品或服务的成本主要集中在相对固定的研发成本上，生产和流通中的可变成本可忽略不计，伴随用户规模的扩大，边际成本就会降低，而达到海量用户时几近于零。那么在这种情况下，周鸿祎的首要目标就是扩大用户量。其二，要防止自己的产品被轻易盗用而损害企业的利润。那如何实现这两个目标呢？

通过免费的方式构建用户群体并以此盈利就变得理所当然了。要知道，通过免费，可以吸引最广大的用户群体来使用周鸿祎的杀毒软件，相比于收费的杀毒软件，它无疑占据了市场的优势。此外，免费的杀毒软件也使360再也不需要花费大量人力、物力去玩猫捉老鼠的游戏，而是可以把精力更多地用在研发上面。

然而，免费似乎与盈利互为悖论，不收费，钱从哪里来？无数互联网企业的成功案例告诉周鸿祎，通过免费，也可以盈利。

比如谷歌，耗费巨额研发费用，为消费者创造免费的搜索引擎、免费的大容量邮箱和免费的地图索引服务，而且在持续开发其他免费的产品，从而成为全世界最伟大的企业之一，其盈利能力不言而喻。

再比如百度，将谷歌免费模式复制到中国之后，采用"搜索+MP3"下载免费歌曲的模式，同样取得奇迹般的成功。

一般来说，通过免费的模式实现盈利的方法有三种：直接交叉补贴、第三方市场、免费加收费。第一种盈利方法不太适合360，因为直接交叉补贴要求收费产品与免费产品之间具有刚性联系，同时要求在两者之中必须有一项产品能够强力吸引用户买单。剩下的就只有第二种和第三种，在周鸿祎看来，这两种方式都可以为360带来巨额利润，重要的是如何去做。

"流氓软件之父"华丽转身

周鸿祎做的第一步是以反"流氓"软件为切入口，开发专杀"3721"的安全工具——360安全卫士。由于反感"3721"软件的用户众多，该软件一经推出，就大受欢迎，下载量突飞猛进。短时间内，360安全卫士的市场占有率就快速上升，而"3721"也逐渐从用户的电脑中消失。

第一场"战争"下来，周鸿祎已经从"流氓软件之父"的恶名中洗脱出来，转而变成维护互联网安全的"卫士"，但这样还不够，接下来，周鸿祎开始为扩大360用户规模进行了第二次努力。

他的做法是通过捆绑销售国外杀毒软件卡巴斯基来进一步争取客户量。此前，周鸿祎几乎跟国内所有的杀毒软件企业谈过免费的问题，但又被几乎所有的杀毒软件企业拒绝。对他们来说，放弃这种旱涝保收的业务显然不划算。最终，卡巴斯基同意了周鸿祎的想法，对于当时的卡巴斯基来说，其在中国的市场份额并不大，反正是一种吃不饱饿不死的状态，为什么不用这种方式再试一把呢？

为此，周鸿祎以360安全卫士为平台，以搭载卡巴斯基软件半年免费版的方式在市场中进行推广。通过这种方式，短时间内就将国内杀毒软件的售价打了下来，而捆绑销售的卡巴斯基在中国的市场占有率则大幅提升。

这个做法非常精妙，通过此举，周鸿祎不但弱化了国外安全软件巨头对自身的敌对心理，而且，随着国外安全软件巨头在国内市场份额的增加，可以遏制国内安全软件大佬们的疯狂扩张，削弱它们的势力范围。与此同时，周鸿祎还利用几大安全软件恶战的间隙，打着免费的招牌处处培植用户，积蓄力量。

当奇虎360安全软件的装机量跻身业内市场份额前三甲的时候，周鸿祎果断地摒弃了这一模式，开始利用积累的大量用户来搭售自身的各种产品。摒弃这种模式的重要原因是周鸿祎必须实现公司的盈利，要知道，在与卡巴斯基的合作中，周鸿祎需要每年向卡巴斯基支付300万～500万的资金，这种没有任何盈利点，却要不断向对方支付成本的情况显然不能持久。

2008年7月，360安全卫士整合BitDefender推出360永久免费杀毒服务，并果断与卡巴斯基分道扬镳，互相把对方列为木马进行清除。在接下来的2009年10月，周鸿祎正式推出免费杀毒软件，高调发动以"免费"为主题的营销战争。

360运用的是免费模式的第三种盈利方式，不过，此举在互联网安全领域却成了首创：先做免费安全，满足用户对免费安全产品的需求，在此基础上，建立互联网安全生态链，提供增值服务。

而这种模式的优势在于：免费杀毒，免费为网民的几乎所有网上行为提供安全保护，这样，360就成了所有门户网站的门户。人们上网时，无论是看新闻、玩游戏、炒股票、发邮件、看视频、聊天、搜索还是办公，都离不开杀毒、防木马、防盗号等安全保护，因此360每天的点击量都高达几亿次。如此大的点击量无疑是所有传播行为都不能忽视的"渠道"。免费杀毒赚来了几乎首屈一指的人气，在此之后，360进一步为其增值服务产业链做了三项布局。

第一，开发浏览器，将360安全卫士用户转换成360浏览器用户，而该浏览器会自带导航与搜索框，以及广告和流量分成。用户打开360浏览器后，会看到360导航页，首页上每个位置都有广告。此外，360浏览器上会有搜索框，当用户在搜索框中搜索时，360就可以从搜索引擎的获利中分成。这种做法接近于"3721"的运营模式，而周鸿祎却巧妙地通过单独开发浏览器的方式，将原先"3721"的用户转变成360用户。

第二，推出软件管家业务，将竞价排名这一普遍的互联网盈利模式复制到 360 身上。360 软件管家对不同的软件进行了详细归类，方便用户选择和下载。这样大大简化了用户的下载过程，减少了安装时间，而且这一免费服务吸引了众多用户使用。而奇虎 360 则依靠所积累的庞大用户群以及产生的巨大信息流量，引来众多软件厂商的加入，软件厂商若想让自己显示在醒目位置或者排在同类软件前面，就必须向奇虎公司支付一定的费用。通过软件管家，奇虎公司很容易地将跟自身有竞争关系的软件厂商排除在外，形成对用户使用习惯的垄断，进一步巩固了已有用户群体。

第三，推出 360 电脑技师服务。这种服务采用人工在线的方式远程帮助用户解决使用电脑过程中遇到的一系列问题，然后从中收取一定的服务费用。这项服务既满足了用户个性化的需求，解决了切实困难，又在潜移默化中提升了已有用户的忠诚度。

结语

通过这些措施，2010 年，"奇虎 360"的互联网安全产品用户覆盖率高达 85.8%，拥有用户 3.39 亿，按用户数量计算，"奇虎 360"已经成为腾讯、百度之后的第三大互联网公司。而 360 杀毒也直线跃居国内互联网安全行业之首，周鸿祎的这些举动，让其他同业企业，包括金山毒霸、瑞星杀毒，不得不纷纷跟风，宣布免费，也让老牌杀毒企业江民直接退出市场，而国外杀毒软件卡巴斯基则彻底退出中国。

究其原因，周鸿祎无非是发现了消费者在漠视知识产权的同时又对互联网安全存在着巨大需求的痛点，将免费模式套用在了这一领域，由此产生的价值却实现了质的飞跃，可以说，免费成了360的盈利之道。

用友软件：定制软件，摆脱盗版

用经营客户的思维卖软件

中国的软件行业于 20 世纪 80 年代在北京的中关村起步，历经多年发展，无数企业从起步走入阶段性辉煌，有的逐渐走向成熟，而更多的则被市场无情淘汰。其中，有一家名叫用友软件的公司则在这场竞争中成了赢家：自诞生之日到现在，历经三十余年，它在成为行业翘楚的同时，将虎视眈眈盯着国内市场的国际著名软件品牌排除在市场之外。其中的奥秘集中在这家公司的业务方向上。无论是之前的以财务软件为主的定位，还是后来的以管理软件为业的策略，或者是再后来的"经营用户"方向，这家公司的产品都将企业以及机构用户作为业务的核心，那么用友软件这么做，究竟有什么好处呢？就让我们回到用友软件创业之初，看看它的创始人王文京对这些问题是怎么思考并加以解决的。

用友软件诞生的背景

20 世纪 80 年代末，中国会计制度与国际通用的制度不一样：国际上采用的是资产负债表模式，而中国采用的是"资金平衡"模式。在以前，这种割裂的会计制度倒也没有什么障碍，但改革开放以来，中国逐步与国际接轨，就形成了很多困扰。比如，当时中华人民共和国铁道部向世界银行申请了一笔一百多亿元的贷款，世界银行同意了它的要求，但在接下来的工作中，却发生了意外：它向世界银行提供的会计报表，世界银行看不懂。虽然经过多次修改，该报表最终通过了世界银行的审查，但经过这个事情，我国财政部认识到了中国的会计制度与国际接轨的必要性，为此他们开始努力，开展了一场"会计风暴"。

在此过程中，一位名叫王文京的年轻人嗅到了机会。

用友软件服务社

王文京是用友软件的创始人，1964 年生于江西省的上饶县，毕业于江西省财经大学。毕业之后，王文京被分配到国务院机关事务管理局工作。这份在旁人看来令人艳羡的工作，并没有让他满足。百般思考之后，王文京决定趁着"下海"潮，开始创业，事实上这个时候的他已经具备诸多创业的优势。

1988年中关村科技园区正式宣布成立，王文京参加了成立大会，而此时中关村已经成为一片创业的蓝海，其中诞生了许许多多的创业型公司，它们有的进行电脑硬件的开发，有的做软件设计，还有的做着倒买倒卖IT设备的生意。这个场景让王文京大受触动，他认为，有国家政策的支持，未来高科技行业一定大有可为。

在国家机关工作期间，他和同事一起向上级发起建议，在中央国家机关财务部门推广会计电算化工作，随后还参与了具体的政策制定与实施。在此过程中王文京意识到，会计电算化将成为未来会计行业的趋势，而且他发现，虽然很多公司对财务软件有着极大的需求，却还没有一家专门的机构致力于财务软件的开发工作。

他的同事在研究报表软件方面表现突出，思路清晰，无论在应用还是技术上，都是当时最好的，这为他们未来的创业打下了技术基础。

软件行业是个低成本投入、低进入门槛的行业。相比于制造业等重资产行业，软件开发只需要投入富有创造力的人、几台可以编程的电脑和办公场所，在这个行业里，知识比现金和设备更重要。

为此，他借来5万元钱，在一间9平米的房间，用一台电脑，与他的同事一起创办了"用友财务软件服务社"，白天带着名片外出拉活，晚上回家编程做产品，不久之后，他的第一笔生意就做成了，赚回七千块钱。高兴之余，王文京将目光锁定在我国财政部刚刚刮起的"会计风暴"上，当时一个很大的问题是，根本没有人会通过新会计法则编制会计报表，而王文京则结合自身的人脉资源优势，用优质的产品、低廉的价格赢得了我国财政部的信任，最终，该套软件通过他们的推广得以在全国开始布局。

由此，用友建立起一套比较完整的商业模式——作为财务软件用户提供者，主要为用户提供财务软件，主要收入同样来自财务软件用户。凭借这种商业模式，经过三年的努力，用友的财务软件从1991年开始在中国市场的占有率一直保持第一，用友成为中国普及会计电算化最成功的财务软件服务提供商。

解决盗版问题的关键

然而此时却出现了新问题，用友的财务软件和其他软件一样，属于"成套软件"，此时，国内已出现一大批以软件为主业的公司和一些优秀的产品，比如 UCDOS、晓军汉字系统、中文之星等，但是，这些公司起步不久就开始陷入困境：一方面，这些产品需要与市场中的其他竞争者进行激烈的竞争；另一方面，猖獗的盗版使得这些企业不堪其扰，新产品刚刚投入市场没两天就被盗版商轻易破解，而盗版产品的售价只有几块钱或十几块钱。在这样的情况下，各家软件公司根本无利可图，纷纷退出了软件行业。

王文京在面对这个问题时，同样产生了退缩心理，而且认为，短时间之内，这种难题根本无法解决，做软件非常辛苦，但因为盗版的横行，这些软件产生不了多少回报。就是因为这个，他甚至一度将精力放在了开发房地产上面，但经过两年的摸爬滚打，他还是选择重新回到软件开发的方向上。对比之后，他认为，软件行业虽然赚的不是"快钱"，但毕竟稳妥，只是需要解决这个行业中存在的最大难题——盗版。后来，为了解决盗版猖獗的问题，用友公司将主要精力放在了营销方面，让用户免费使用用友软件一年，之后收费。这种营销策略虽然产生了一定的效果，但还是无法从根本上解决问题，而在此时，一个偶然的机会让他对软件行业产生了新的思考。1996 年，他来到广东的一家企业进行参观，当时，这家企业主向他询问："你们公司的产品里，是否有 ERP 软件？"一句话，让王文京找到了机会：虽然用友财务软件的占有率已经在国内首屈一指，但经营却一直非常艰难，而 ERP 软件极有可能成为企业转型的方向，为此，他对公司接下来能否进入该领域的问题进行了重新梳理。

ERP 虽然和之前的财务软件一样，都属于软件开发领域，但两者却有很大的不同。事实上，软件行业可以划分为三类：第一类是为企业提供解决方案的软件，ERP 就属于这种；第二类是专业软件，用友的财务软件就属于这一类；第三类是面向大众的成套软件，比如操作系统 DOS、Windows 等。而这三类软件中，企业解决方案类的软件与后两者有很大的不同。

首先，从用户群体来看，大众软件以及专业软件主要面向个人以及企事业单位，也就是我们说的"to B"以及"to C"；而企业解决方案类的公司只面向企事业单位，即"to B"，这种差别决定了两者在销售规模和方式上的不同。比如 1996 年，微软一年可以卖出 600 万套操作系统，但与此同时，全世界最大的 ERP 供应商 SAP，用了 5 年时间才开发出 16 500 位客户。另一家同属于企业咨询类公司的 Simultan 则更加极端，一年收入可以达到 600 万美元，而新增客户却只有 50 个。这个现象在中国表现得更加突出，由于大多数的企业咨询类软件商并不能在短时间内与一个新行业或者一个企业建立起信任关系并熟悉该领域，因此这些软件企业只能在某个特定行业进行业务拓展，对于其他领域，则只能望洋兴叹，这种现实情况导致企业咨询类软件规模一直无法扩大。

其次，大众及专业软件提供的是标准化产品，遵循需求方的规模经济，且具备网络效应，这就使得这种软件的边际成本极低。举个例子，研发第一套用友财务软件的成本可能高于100万，但第二套的成本也就几块钱，只需要将研发好的软件复制到碟片里。企业解决方案类公司则不同，由于需要有针对性地进行个性化定制，每新增一个用户，都需要花费一定的成本，对该软件进行重新设计、安装，周期常常需要几个月，甚至几年，而这种花在个性化定制方面的时间、人力和物力的成本，差不多要占到全部成本的70%。

最后，面向大众类的软件行业具备低成本、低门槛的特点，这类软件企业需要不断地面对众多的竞争者，生存难度极大。然而，这还只是一方面。另一方面是，面向大众的软件盗版严重。比如，Windows 等操作系统在欧美等国家，几乎每个人都会花钱购买，但是在国内，正版软件在个人市场的占有率极低，专业软件市场同样如此。盗版横行对软件企业利润的影响极大，这就造成一个结果——由于没有利润的驱动，国内的企业根本不愿在专业类和大众软件上面下功夫，而在"回报递增"定律的影响下，国外软件则迅速占领了这些领域。这种现象在企业解决方案领域中却不存在。由于每一款应用都需要根据企业的实际情况进行专业化定制，"盗版"就没有了用武之地，用友软件可以理直气壮地向这些企业用户进行收费。

在对企业管理软件和之前的财务管理软件业务进行全面对比后，王文京认为企业管理 ERP 软件在对付盗版、增加营收方面具备较强的优势，虽然存在着开发客户难和边际成本高的问题，但这些难题放在王文京身上，恰恰显示出他强大的优势。

由于企业咨询类软件公司不受"回报递增"定律的影响，因此需要不断开发新客户，经营难度也不小。不过恰逢此时，出现了新机遇，各级政府开始将信息化的推动作为重点项目来抓，他们不仅会拨出专款来支持企业的信息化建设，还会将所辖地区的企业信息化水平作为考核目标。在这种情况下，是否需要使用软件的决策权，某种程度上就从企业转嫁到了政府身上；而且，由于政府要求将企业的信息化推进到可以标榜的具体项目上，政府的专项资金也不可能用于支持企业购买硬件或者生产和经营一线的信息化，因此，ERP 这一实施难度极大、成本极高的企业级关系信息系统就成了政府工作的重点。而王文京有着多年来与政府方面打交道建立起来的优势，因而有机会获得大量带有政府补贴的 ERP 订单。

在权衡了多方面的利弊之后，王文京决定，将开发企业管理软件 ERP 系统作为业务的重心。经过 4 年的转型，从 2001 年开始，这家公司将业务的重心由主打财务软件转向管理软件和财务软件并重的方向。

到 2002 年，用友在 ERP 市场以 21.6% 的占有率首次超过国外软件厂商 SAP，成为国内市场规模最大的企业管理软件厂商，而在接下来的十几年中，这个位置从来没有变过。

用友的秘诀

从用友软件的发展历程和业务转型思路中，我们可以发现，这家公司在面对软件行业发展困难的难题时，将业务重心放在了企事业单位用户方面，也就是我们说的"to B"模式，三十多年来，从来没有发生改变，这种对目标客户的精准定位恰恰是用友软件基业长青的关键之处：与企业和机构打交道，一方面用户资金实力相对雄厚，可以带来稳定的营收；另一方面，通过定制软件，解决了国内软件企业普遍需要面对的知识产权难以得到保护的难题，形成了竞争优势。

长租解决麦当劳的现金流难题

麦当劳也是一家地产商

麦当劳是目前全世界最著名、规模最大的快餐连锁企业之一。自从 1937 年由麦当劳兄弟创办以来，它已经在全世界开设了三万多家快餐厅，每年的营业额高达 109 亿美元，而且直到现在，它仍在高速增长。

从表面上看，麦当劳之所以能够达到如此大的规模，原因在于这家公司采用了标准化的餐食标准以及特许加盟模式。正如大多数人感受到的那样，当你来到一个陌生的地方，对周边的情况一无所知时，吃什么就变成一件很困难的事情。所以，大多数人为了减少选择错误带来的风险，往往会简而化之，要么选择人多的地方，要么选择一家熟知的餐馆就餐，那么麦当劳这样的快餐店自然而然地成了首选。原因很简单，以前吃到的和现在吃到的，在美国吃到的和在印度吃到的，是同样的味道。

然而，世界上像麦当劳这样的快餐品牌比比皆是，如肯德基、汉堡王、赛百味等，但为何只有麦当劳能成为快餐品牌的领头羊？更何况，与麦当劳同时期诞生的加盟品牌多如牛毛，为何只有麦当劳能生存到现在，而其他品牌却消失在历史的车轮之下？麦当劳成功的秘诀是什么？关键在于房地产。

如何扩大规模

你没有看错，一个厨师改练兵法的事情就发生在麦当劳的身上。要知道，光靠卖汉堡，麦当劳的利润比较有限。比如在中国，一个麦辣鸡腿汉堡的价格是9块钱，然而原材料的成本就占据了很大的比例，要选用质量过硬的鸡肉，用最好的面粉制作面包，甚至按照麦当劳的标准，面包的气孔直径必须在0.4到0.5毫米之间，因为这样可以保证汉堡包的口感最好。薯条也不能使用地沟油之类的劣质油炸制，炸好10分钟之内没有销售掉就会被直接扔掉，再加上相对较高的人员成本以及广告费用，麦当劳在餐饮方面的利润有限，更何况，按照麦当劳的经营模式来看，即便餐厅产生盈利，利润也大部分归加盟商所有，那么麦当劳公司能够成长为世界餐饮第一品牌的秘诀在哪里？通过这家公司的财务报表，很多人吃惊地发现，其实麦当劳有超过三分之一的利润来源于房地产。

麦当劳的高层曾经不无调侃地告诉公众，麦当劳的利润中，很大一部分是靠经营房地产获得的。比如麦当劳早期的首席财务官就说过："技术上我们是在经营餐厅，本质上我们并不真正身处食品行业，我们是在房地产行业……我们出售 15 美分汉堡包的唯一原因是，这是带来收入现金流的最佳产品，汉堡租户能够向我们支付房租。"那么麦当劳是如何想到借助食品建立品牌，最终却靠房地产赚钱的呢？

这还要从麦当劳历史上一位重要人物雷·克罗克说起。1961 年，克罗克与麦当劳餐厅创始人麦当劳兄弟的长期矛盾终于爆发，克罗克用 270 万美元将两兄弟的股份全部买下，使得这家公司的产权和经营权落到了曾经的打工仔手中。接下来克罗克终于可以按照自己的经营思路对麦当劳加以改造，而这些是他加入麦当劳之后想做却没做成的事：不断扩大麦当劳公司的营业规模，甚至在全球范围内开连锁店。不过此时，他需要面对的是以下几方面现实情况。

困扰麦当劳规模扩大的最大难题是钱。克罗克为了将麦当劳控制在自己手中，已经将自有的存款、汽车和房产全部抵押给财团，从而换取 150 万美元，以购买所有麦当劳餐厅的土地使用权，之后他又与投资财团合作，以 6% 的利率加上营业额抽成作为条件，换取了赎买麦当劳兄弟股份所需的 270 万美元。这时，再往外拿一分钱，对于克罗克来说，都几乎是不可能的事。然而不管是建立门店，还是购买土地、建设餐厅，都需要大量现金作为支撑。

其次，加盟商这块也遇到了难题。基于麦当劳的品牌效应，当时已经有众多创业者愿意加盟麦当劳，不过，高达 20 万美元的加盟费却阻碍了他们的梦想。事实上，麦当劳作为一家标准化的餐厅，要求 20 万美元的加盟费并不过分，虽然这个数字看起来比较高，但是分摊到每一项目上却显得比较合理。这部分的加盟费包括购置设备的款项、装潢店面的款项以及设立招牌的费用，当然，这些费用如果加上贷款需要支付的利息，对于想要投资麦当劳的加盟商来说将成为一个难以企及的数额。况且麦当劳要求加盟商只能以个人(而不是公司)名义加盟，这就进一步增加了投资人向银行申请贷款的难度。

另外，现有麦当劳的加盟商所暴露出的问题也制约了麦当劳的进一步发展。按照之前的特许经营模式，加盟餐厅只要按照麦当劳的设计风格建造餐厅，预先支付原材料采购款，接受简单的服务培训，并交纳一定数额的加盟费，即可打着麦当劳的招牌做生意，而经营管理方面则完全由加盟店自主进行。这种模式造成了管理上的混乱，比如，在麦当劳兄弟的家乡出现了一大批这样的加盟餐厅，为了与其他加盟商竞争，他们开始随心所欲地增加和减少菜品，有的店甚至将比萨都摆上了麦当劳的餐桌。不过，消费者却并不买账，他们还是喜欢麦当劳品牌的经典食品，导致麦当劳的自营店生意依旧火爆，加盟餐厅却往往门可罗雀。如果不解决这些问题，势必会对麦当劳的品牌形象造成极大的冲击。

当然，麦当劳所具备的竞争优势不言自明。

其一，流水化作业带来了高效率，使得麦当劳的价格非常亲民，它刚刚诞生的时候，一个汉堡售价是 15 美分，而当时美国汉堡的平均售价是 30 美分。

其二，麦当劳提供的干净就餐环境大大吸引了顾客，而先进的记账方式也为顾客提供了更加省时、便利的服务。

其三，快餐行业是一个受经济波动影响较小的行业，而此时麦当劳已经在全美的快餐行业处于领先位置，金色的拱形 M 已成为公司的象征。这种品牌效应使得麦当劳在对抗经济波动方面有着极大的优势，即便经济出现大幅波动，快餐行业也不会像其他行业那样遭受多大的影响，具备较稳定的盈利预期。

其四，大多数麦当劳店面的生意都好得出奇，这就为吸引加盟商的加入带来了很好的示范性效应。

摆在克罗克面前的就是如何利用其优势，解决所面临的问题。首先，需要解决钱的问题。解决这一问题，不外乎两个手段，一是开源，二是节流。开源方面，虽然克罗克已经倾其所有，但他发现了一个变现的途径：麦当劳的信用。克罗克在麦当劳长达 10 年的工作中，时常与各类投资银行打交道，银行等金融机构和麦当劳克罗克已经彼此信赖，他大可以通过这些投资机构为麦当劳进行融资，问题不大。相比之下，节流则是一个比较艰难的过程。麦当劳餐厅在很大程度上需要靠买土地、资产和设备的方式进行运营，这样就会耗费大量的现金流。那么有没有一种更好的运作模式呢？这时，克罗克想到了租，有句话说："造船不如买船，买船不如租船。"相比于买，租的优势在于可以应对短期现金流缺乏的问题。第二个问题是解决加盟商门槛过高的问题。克罗克想到，要想解决这个问题，可以将本该由个人承担的成本转移给麦当劳公司承担，并且，当公司总部承担起一定规模的成本时，也意味着可以加强对加盟商的控制。

房地产成为支柱产业

在这样的情况下，克罗克想到了运用地产商的经营方式支撑麦当劳的扩张战略，而这种方式脱胎于克罗克在赎买麦当劳的时候用过的手段。他将所有的房产、汽车抵押给财团，财团则将资金交给麦当劳，拿到资金的麦当劳向土地所有人租赁土地，接着以土地租赁合同作为抵押向银行申请贷款，拿到银行的贷款并建立起餐厅后，再以餐厅作为抵押重新获得银行贷款以支付土地租赁费用，接着向加盟商出租餐厅，收取租金后偿还银行贷款。

上面的系统复杂且不易操作，克罗克对这种模式做了一定的简化处理并将其应用在之后的加盟商体系建设中，如图1所示。麦当劳自建或者长期租赁门店，使加盟商不必自己寻找开店地址。建立起麦当劳餐厅后，吸引加盟商入驻门店。加盟商向麦当劳支付租金，并在接受麦当劳的培训、管理和原材料后经营门店，而麦当劳则用收取来的租金偿还建设餐厅的银行贷款和门店租赁等费用。

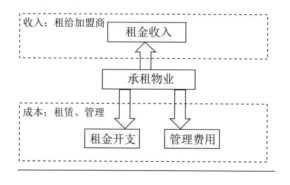

图1　简化的资金运作模式

这种资金运作模式事实上并不新奇，只是银行按揭贷款的一种变形。开发商可以先通过银行贷款建起商店，再通过向商户收取租金的方式，偿还银行贷款，而麦当劳通过这套成熟的金融体系，实现了更多的目标。

其一，增加了麦当劳公司的收入。这种策略实际上把本该由加盟商承担的债务关系转嫁给了麦当劳，这样做的好处是，相比于单打独斗的加盟商，银行更愿意与麦当劳做贷款业务，从而解决了加盟商的资金困难问题，此外，这样做还使得麦当劳创生出一个新的利润增长点：房地产租赁。由于麦当劳向加盟商收取的租金较为合理，且在刚建门店的前两年还以平价的方式向加盟商收取，之后会按照市场价格进行相应调整，这样可以通过平价租赁、高价收租金的方式，赚取市场的差价，而这就成了麦当劳新的利润增长点。

其二，进一步降低了经济波动带来的风险。由于麦当劳的承租能力强，开办的门店往往能够长期经营，因此，麦当劳一般会和地产商或者土地所有者签订一份长达20年的租金合约。由于租期较长，租金就会比其他商家的出价更低，这样就熨平了经济波动带来的风险，即便地产价格上涨，麦当劳的经营成本也不会发生较大变化，这就进一步提升了麦当劳的品牌强度。

这样还有其他一些好处。从地产商或者土地拥有者角度来看，这种长期租约一方面可以给他们带来稳定的预期，另一方面，麦当劳已经建立起自己的餐饮文化，有些地区甚至出现了"麦当劳商圈"，如果可以吸引一家麦当劳入驻，则可以吸引众多商家追随，这种聚拢效应会直接推动房地产价格的上涨，让开发商最终获益，这些原因使得房地产开发商愿意将其开发的商业地产租给麦当劳。

从麦当劳角度来看，这相当于用长期的固定费率锁定了地产价格。既锁定了麦当劳的固定成本，又将市场波动带来的可变成本转嫁给了加盟商，这样做可以使成本相对稳定，从而降低麦当劳的经营风险。

从加盟商的角度来看，麦当劳拥有一支专业的物业谈判队伍，在选择店址方面更富有经验和专业化水平，往往能够发掘到极具潜在需求的经营场所。而且，加盟商每年承担的房租不到销售额的10%，减轻了他们的负担，因此，他们更愿意选择与麦当劳合作。

这一举措还可以使麦当劳的品牌形象得以保持。按照克罗克的想法，不管是麦当劳的加盟店，还是自营店，不论是口感还是餐厅环境，都不应让消费者感觉到任何差别，而这种标准化的建立，完全可以通过麦当劳在房地产租赁方面的努力得以实现：门店只是加盟商向麦当劳租来的，当房东向租户发出建议和改进措施时，加盟商只能选择乖乖听话。

麦当劳如何做

为此，麦当劳公司组建了专业的地产经纪团队，他们会首先考察店址是否与城市规划相符合，研究哪个地段将是一个城市人流最旺盛的地方，论证完毕以后，就选择买下或者租下看中的地块或者门店。

当然，在这个过程中，麦当劳还采取了一些其他方面的措施，比如降低特许加盟费，这样就进一步减轻了加盟商的负担。另外，麦当劳坚持让利的原则，将原材料采购中得到的优惠直接转给加盟商；在设备采购方面，麦当劳也不会从加盟商身上牟取暴利；再加上规范化的经营理念、严格的培训体系、规范的服务标准以及统一的食品制作程序，麦当劳逐步建立了与加盟商、地产商和消费者共生的麦当劳生态圈。

而从利润来源来看，现在的麦当劳已经形成了三大盈利板块：地产租金板块（承租－转租差价收入）、自营板块（快餐业务）、特许权和加盟费板块（商标和管理输出）。在2017年麦当劳公布的年报中，麦当劳仅在地产方面的收入就达到了65亿美元，占总收入比重的三分之一，这也成为麦当劳最重要的收入和利润来源。所以说，把麦当劳当成一家精明的地产公司，恰如其分。

新技术篇

虽然新技术层出不穷，但归根结底，能被广泛应用才是一项技术成功的关键，怎样才能做到呢？

乔布斯用"iPod"拯救"苹果"

权力失败者的回归

1997 年 7 月，乔布斯回到苹果公司，出任这家公司的临时执行总裁。乔布斯之所以能够重新执掌该公司，一方面是因为苹果公司在他离开的这些年，业绩每况愈下，甚至已经处在倒闭的边缘，1997 年第四季度，苹果公司亏损额达到了 1.61 亿美元，收入同比下降 28%；另一方面，乔布斯的回归也是他自己费尽心思争取来的，他向苹果公司的董事会分析了目前公司存在的问题，并且将正在研发的一款软件推销给苹果公司，建议他们收购，并重新聘用他。最终，苹果公司同意了他的要求。

重新回到苹果公司的乔布斯不久就发现了该公司的严重问题。

首先,苹果公司已经连续 5 个季度出现收入下滑,1997 年夏天,苹果的销售规模下滑到 7 亿美元,比上一年整整少了 1 亿美元。

其次,业绩持续下滑,导致员工信心丧失,很多人将自己和公司当成了"失败者"的代名词,并且自暴自弃,士气极其低落。

再次,苹果公司生产的产品相比于之前的乔布斯时代的产品,已经变得非常平庸,在风格和美观方面并不突出。

针对这些问题,乔布斯采取了以下几个大刀阔斧的改革措施。

首先,由于收入下滑,苹果公司开始控制现金的使用。乔布斯砍掉了正在研发的"牛顿"项目,并对太复杂的产品生产线进行了大幅度削减。

其次,为了重振士气,他写下一个标语——"新的思想",并将它挂在公司的角角落落。他还采用员工激励措施,将工作业绩和他们的股票、奖金挂钩,以激发员工工作动力。

随后,推出全新机型 iMac,开发与之相匹配的操作系统 macOS 8.1,并与微软公司合作,共同在 Mac 平台上开发新应用,将微软公司开发的浏览器用作 Mac 机的默认浏览器。

此外,乔布斯还吸取了之前被赶出苹果公司的教训,那时他年轻气盛,对待下属态度粗暴,为人傲慢且无礼,在走出苹果公司后的几年，乔布斯渐渐意识到了自身的问题，且随着年龄的增长，乔布斯的性格渐渐变得平和。

接着，为了让他入驻苹果公司之后的首款产品"iMac"更受市场欢迎，乔布斯带领团队进入糖果工厂，学习他们制作软糖的技巧，以便让产品更加有个性且受人关注。

在上述措施的影响下，新款 iMac 一经推出就大受欢迎。在 1998 年 6 月推出之后的 6 周之内，苹果公司销售出 30 万台这种新款电脑，一年之后，这个数字达到了 200 万台，两年之后，凭借着这款电脑，苹果公司实现了扭亏为盈。不过，乔布斯的梦想根本不止于此。

依靠iPod，完成逆袭

从 20 世纪 70 年代开始，年轻人开始沉迷于一种名叫"随身听"的小玩意。拿着它戴上耳机，可以随时随地听几首歌曲。这种小玩意陪伴着无数年轻人走过了他们的青葱岁月。"随身听"以索尼公司的"Walkman"为代表，自从它诞生以来，十几年间，他们一共销售出 3 亿台这样的"Walkman"。

不过，随着网络技术和数字技术的发展，这种以磁带为存储介质的音乐播放器正在受到挑战。1998 年，圣迭戈大学的一位毕业生创办了一家名为"MP3.com"的公司，为互联网用户提供音乐下载服务。用户可以通过该网站将歌曲以数字化的方式下载到电脑等设备上。网站上线仅三天，就有上万名用户登录该网站并下载了音乐作品。在这之后，他又创办了一家名为"Napster"的公司，主要业务就是提供一个音乐存储空间，广大用户可以利用该平台分享音乐文件。到2000年，这家公司已经拥有了3200万用户。

当然，这家公司的运营模式存在着极大的问题：任意下载歌曲的行为违反了有关版权的法律，也损害了音乐出版商的利益。因此，这家公司被唱片业巨头联合围剿，最终破产。

不过，这种看起来近乎恐吓的行为并没有阻止技术的进步，接着韩国的一家公司研发出一种"闪存"存储器，并将之应用到"随身听"产业，生产出世界上第一款数字音乐播放器。相比于使用磁带的"随身听"，这种播放器的优点是更加便携，不需要以"磁带"或者"CD"碟片作为存储介质。只要将从互联网上下载的歌曲存储到里面，就可以随时播放音乐。不过，这种播放器并没有引发市场的响应。

乔布斯在这种看似饱和的"随身听"市场中看到了机会。他认为，使用磁带、CD为介质的传统"随身听"产品体积大，不便于携带，且歌曲内容不便于获取。你不仅需要到音响品店进行购买，为了多听几首歌曲，还需要携带额外的磁带和CD碟片，这些已经不能适应网络时代生活越来越便捷的趋势，而数字音乐播放器则是最有潜质的音乐播放器替代品。

不过，市面上的数字音乐播放器品质太差，不仅音质不能达到标准，存储量还很有限，只能存储十几首歌曲，而且外表不吸引人。

在乔布斯看来，音乐播放器属于一种消费电子产品，人们往往会随身携带这种东西出门，以缓解路途疲劳。如果可以把这种产品制作得更加酷炫、更小巧，甚至把它做成可以放到牛仔裤口袋的小部件，那么它一定会成为一个移动的广告；再者，如果能够让数字音乐播放器的性能更加优异，存储的歌曲数量更多，且音质更好，那么这样的音乐播放器一定可以成为一个具有划时代意义的产品。之后乔布斯就砍掉了现有产品的研发，将苹果公司的重心放在了研发新型数字音频播放器——"iPod"上面。

乔布斯重新聘请了设计班底，用新的思维来设计新产品。乔布斯外聘了一位数码设计的怪才——安东尼·法德尔，并按月支付薪水。这位设计师极具个性，年纪轻轻就染了白发，性格也与乔布斯非常相似。

每两到三周，乔布斯就会召开一个有关 iPod 的专门会议。第一台 iPod 原型机造出来之后，乔布斯便每天参与到项目讨论中。在一次会议上，乔布斯大发雷霆，原因是他点击了三次按钮，却还是没找到想要的歌曲。事实上像这样的咆哮每天都会充斥在会场之中。

第一款 iPod 产品不到 9 个月就完成了定型。外观上，这是一款塑料材质的"随身听"，拥有 32 MB 的内存和高达 5 GB 的硬盘，可以存储 1000 首歌曲。这款播放器吸引人之处在于，它没有复杂的设计，整个机身只有一个屏幕和一个圆形转盘，这些设计符合乔布斯对产品"极简主义"的追求。

在存储介质方面，乔布斯采用了东芝生产的"微型硬盘"。没有选用市场上普遍采用的"闪存"作为存储介质的原因是，闪存的存储容量不大，最多只能存储十多首歌曲，而恰逢此时，东芝研发出一款微型磁盘存储器，其容量高达 5 GB，能装下更多歌曲。

传输线路则采用"火线技术"。市面上的音乐播放器普遍采用 USB 线路传输音乐，如果存储十来首歌曲，倒也没有明显的问题。可如果要将 1000 首歌曲存储到微型硬盘上，则需要花费 5 个小时，这显然不符合乔布斯追求完美的个性。为了解决传输速度问题，乔布斯运用了"整合思维"，将用于传输视频文件的"火线"技术整合到音乐播放器中，使得歌曲传输速度快速提升，传输 1000 首歌曲的时间从 5 个小时压缩到了 10 分钟。

iPod 产品定型之后，接下来便进入产品的营销环节，在这个方面，乔布斯也颇花费了一番心思。

第一步，按照此前的惯例，他需要召开新产品发布会。在这个发布会上，乔布斯身着 T 恤，搭配一条牛仔裤，亲自为受邀而来的媒体人士介绍即将发售的产品。事实上，即便这样一个看似简单的发布会，也体现出乔布斯认真的态度。为了这次 iPod 发布会，他提前一天来到现场彩排，发现灯光不足以展现 iPod，就坐在观众席正中央，沉默许久，接着对工作人员说："我们慢慢调，直到满意为止。"接下来，伴随着乔布斯的咆哮，灯光师默不作声，仔细进行调试，正当所有工作人员屏住呼吸，等待乔布斯再一次发火时，突然听到他说："对，就是这样。"这时，所有工作人员终于松了一口气。

后来，这种极具乔布斯风格的发布会逐渐变成一种趋势，被他的追随者纷纷效仿。不管是罗永浩的锤子手机发布会，还是雷军的小米手机发布会，无一不是在"山寨"乔布斯风格的发布会。

第二步，他邀请了一批知名音乐家参与广告的制作。比如，当时一位很火的歌手 Seal 就在 iPod 广告中说："我一共有 3 个 MP3 播放器，但还没有完全弄明白它们的使用方法，然而，iPod 与众不同，我把它拿在手上，没过一会就弄明白怎么用了。"通过这条广告，乔布斯告诉消费者：iPod 是一款先进的 MP3 播放器，它不同于其他 MP3 播放器的地方，在于简单易用。

"iTunes"解决版权难题

iPod 在上市之后的一年里，销量达到了 10 万台，虽然不差，但远远没有实现"改朝换代"的目标。销量没有达到预期的原因是什么呢？在乔布斯看来，不外乎以下两点。

第一，第一款 iPod 只能通过 Mac 电脑进行音乐文件下载，可问题是苹果电脑只是一个小众产品，根据当时的数据，使用 Windows 的个人电脑的用户有 5 亿，Mac 用户却只有 1500 万，两者差距明显。iPod 销量之所以没有很高，是因为很多人没有 Mac 电脑，即便买了 iPod，也不能方便地使用。乔布斯认为，只有为个人电脑用户消除障碍，使他们可以流畅地使用 iPod，iPod 的销量才可能明显上升。

第二，iPod 还存在着一个问题：这款数字音乐播放器和"盗版"有着剪不断，理还乱的关系。通过互联网，用户可以将大量免费的音乐下载到 iPod 中，这样就损伤了音乐出版方的利益，也违反了相关法律。这导致欧美国家/地区的很多消费者在面对数字音乐播放器时，存在忧虑。此外，对于苹果公司来说，如果它的产品总是处在这种灰色地带，它必将受到法律的制裁。乔布斯明白，只有让他的 iPod 与盗版彻底地分隔开来，摆脱盗版的原罪，iPod 的销售才不会有后顾之忧。

不过，这两个问题对乔布斯来说却是很大的难题。首先，

Mac 系统与 PC 系统在设计之初就有着天然的界限，此前苹果公司将用户群体定位在高端、小众的专业用户身上，根本不屑与大众化的个人电脑用户群为伍。其次，解决盗版问题的难度也不小，如何下载音乐文件是客户自己的事情，对此，播放器生产商应如何进行把控呢？

此外，美国的音乐市场也发生了一些变化。随着网络的普及，各大音乐出版商的业绩已经在免费 MP3 的冲击下出现了滑坡的苗头，大量免费的 MP3 音乐充斥在互联网的角角落落，使得音乐出版商的传统销售模式难以为继。于是，音乐出版商将矛头对准了以苹果公司为代表的播放器生产商，认为他们夺走了自己的饭碗。

乔布斯必须认真对待并解决这些问题。他计划与版权方合作，让他们授权苹果公司使用合法音乐，用收费分成的方式吸引广大版权商。这个想法符合出版商的利益诉求，因此没费什么劲儿，乔布斯就与这些音乐出版商达成了合作。

接着，乔布斯对第二款 iPod 做出了一次重大改动，以专门开发的软件"iTunes"作为链接电脑与 iPod 的软件，所有音乐文件都必须通过这款软件传输到 iPod 上。这款看似简单的软件实现了乔布斯的三个目标：第一，打通个人电脑与 iPod 的连接，使大多数个人电脑用户都可以使用 iPod，扩大了目标用户群体；第二，用户只要花 0.99 美元，就可以通过 iTunes 买到一首正版歌曲的使用权，而苹果公司只收取其中的 0.22 美元，其余的都交给音乐的出版方，在保证版权商利润的同时，使 iPod 上的内容符合法律的标准；第三，设置障碍，防止用户任意传播音乐文件。在第一款 iPod 的研发阶段，乔布斯就指示研发人员设置障碍，免得用户与别人分享他们的音乐文件。用户可以将电脑里的音乐文件传到 iPod 上，却不能将这些音乐文件上传到另一台电脑上，或者从别人的电脑上将音乐文件下载到你的 iPod 上。这款软件的出现在最大程度上阻止了盗版歌曲的流传。

接着，乔布斯又投入数千万美元，发起一场"不偷音乐很酷"活动，苹果公司的潜台词是，如果不买我的 iPod，而使用别的 MP3 播放器，就意味着你在"违法"，因为在当时，iTunes 是唯一一款销售合法数字音乐的软件。当这顶帽子扣在欧美民众的头上时，他们只好就范，"屈从"苹果公司。

通过这些举动，从 2001 年到 2003 年 7 月，苹果公司成为除戴尔公司以外第二家通过销售产品盈利的 IT 公司，而 iPod 的销售收入则占到了公司全部收入的七成；2004 年，iPod 的销售收入更是突破了 13 亿美元，iPod 成为史上最成功的数码产品。乔布斯也通过这款产品实现了他复兴苹果公司的梦想，而这个复兴的过程，恰恰是一个不断解决难题的过程。

"微信红包"解决了难题

"微信红包"诞生的背景

过去，钱包、手机和钥匙是人们出门必备的三小件，少带一件，都会给自己带来不小的麻烦。而现在，很多人只带一部手机就可以出门，因为其余两项的功能都能被手机"兼并"。需要消费时，只要拿出手机扫一扫微信或支付宝，就可以付款；一些家庭的门锁已经被电子锁替代，你只要用手机发送一个指令，立马就能打开家门。可以说，手机涵盖的新技术正在深刻改变人们的生活习惯。

不过，这场"裤兜"革命的胜利并非一帆风顺的。比如，在替代"钱包"这一领域，问题就不少。要让大家习惯"手机支付"，就必须让数量众多的用户将支付软件与银行卡绑定，这样才能实现手机支付的功能。然而，这么一个小小的动作，却成为一个很大的难题。最终，腾讯公司的微信团队通过"红包"的方式出其不意地解决了这一问题，今天我们就来看看，微信是如何转变人们的消费习惯的。

这一切还要从 2014 年说起。此时，消费者仍习惯以现金作为主要的支付手段，随着科技的发展，这一传统习惯已经显得越来越不方便了，一方面，消费者需要携带现金；另一方面，对于商户来说，找零同样存在着很大的困扰。

尽管许多消费者已开始使用信用卡进行消费，但相较于发达国家的人，大多数中国人还没有形成使用信用卡消费的习惯。这是由于，信用卡拥有者的数量有限，且信用卡不便于携带，而且能够提供信用卡服务的商家数量也比较有限，因为按照信用卡交易的规则，商家需要向银行缴纳 1% 左右的交易费用，这部分费用提高了个体商户的交易成本，使得商家对信用卡支付产生了抗拒心理，信用卡交易也在这种情况下发展缓慢。

这种情况下，移动支付的优势就体现出来了，移动支付不仅可以解决消费者携带现金的困扰，还可以降低商户的交易成本。打印一张二维码只要几毛钱，而且只要不提现，商家就不需要支付任何额外费用，这样可以为商家节省一笔不小的费用。

移动支付不仅可以让人们的生活更加便捷，事实上，还可以创造巨大的商业机会。因为此时，中国金融业迎来了一个监管放松的窗口期，其中很重要的一项政策就是开放互联网金融。2013 年 6 月，支付宝旗下的余额宝上线后半年，客户数量就达到 4303 万，资金规模也达到 1853 亿元，余额宝成为国内规模最大的基金。

看到互联网在金融方面可以带来如此大的红利，百度公司推出"百发"，腾讯公司的理财通也在这场机会面前跃跃欲试，不过，如何吸引用户就成了一个极大的难题。这时人们发现，移动支付的优势又体现了出来。移动支付可以为互联网金融提供空间。通过培养用户的支付习惯，让移动支付成为用户的虚拟钱包，可以在此基础上开展话费、彩票、电影票乃至理财、消费信贷等业务，因此，抢占移动支付市场毫无疑问就是抢占金融业务的制高点。而微信作为国内用户数量最多的即时通信软件，如果能够在移动支付领域打开局面，无疑将对互联网金融的拓展产生无可估量的作用，那么腾讯公司应该如何去做呢？

微信在移动支付领域的优劣势

接下来，我们要先对此时的移动支付市场进行一个全方位的了解。

截至2013年末，使用手机进行即时通信的网民已达4.31亿，而且在以每年 22.3% 的幅度高速增长，而在用户数量方面，微信拥有绝对优势，这为微信开展移动支付提供了条件。从用户使用的频繁程度来看，2014 年，微信、QQ 两个同属腾讯公司的社交类软件位列所有移动应用的前两位，用户使用这两个软件的时间合计约占总时间的 20.8%。这些数据表明，微信拥有庞大的用户流量，且用户活跃度极高，微信开展移动支付的优势显而易见。

微信还具备其他竞争者所没有的优势：用户关系链。什么是用户关系链？简单而言，比如说，你和你妈是微信好友，你妈和你二姨天天在微信里视频聊天，你二姨和她的同事又通过微信私下聊天，无形之中，微信就将你和八竿子打不着的二姨同事形成了关联，建立起一条虚拟关系链。

不过，摆在微信团队面前的难题也同样严峻。微信最大的竞争对手支付宝凭借其与淘宝电商相互绑定的特点，更具备金融属性。不仅如此，支付宝团队之前还花费了近两年时间摸索出一种提高移动支付使用频率的路径。他们将目光瞄准商超和便利店，开展各种活动，鼓励用户使用支付宝进行支付。通过这种"小额多频"的方式，支付宝已经占据了小额移动支付市场的一半。再者，支付宝自 2003 年诞生以来，已经在互联网金融领域深耕十余年，这种时间累积下来的口碑也是微信所不具备的，毕竟微信还只是个以聊天为主要功能的社交软件，大家使用微信，还都是以交流为主要目的。

所以从 2013 年 6 月微信推出移动支付功能开始，直到当年的 11 月，使用微信进行移动支付的用户仅有 2000 万，还不到微信活跃用户的 6%，正如一篇评论提到的那样："微信站在了为其喝彩的人堆上，微信团队面临的一个棘手问题是，如何引导这些虚拟社区的人群把钱也带过来。"

首先解决的是"绑卡难"问题

虽然微信拥有了数量庞大的用户群体，但如何将这些活跃的用户转变成可以进行移动支付的"账户"持有者，却成为微信团队首先需要解决的难题。账户是什么？用户将其微信账号与银行卡进行绑定后，这样的微信账号就具备了金融属性，可以被称为账户。若想让用户把钱带过来，就得先让他们绑卡。可是，让用户放心地把自己的银行卡与微信号进行绑定，却是一件极其困难的事情。要知道，大多数人对于绑定银行卡这种行为带有天然的警觉，如果随随便便把自己的银行账号和密码交出来，万一里面的钱出现损失，应该找谁去？

要解决这个难题，可以借鉴互联网行业的一些经验，其中一个办法就是"砸钱"。比如有一款名为借贷宝的应用，为了开展互联网金融业务，该应用背后的团队砸下去 20 亿，换来

8000 万注册用户，可问题是，拥有用户只是第一步，真正的目的是让这些注册用户通过借贷宝贷款并按期偿还本金和利息，可要达到这一目标，还有更长的一段路要走。再比如最大的网约车软件"滴滴"，它背后的团队几年来通过发放补贴的方式吸引客户，累计砸出去 390 亿，但直到现在，还在亏损。由此可见，砸钱换账户的方式，性价比不高，效果也不好。

另外，还有一个办法：通过广告的方式，诱导客户绑卡。但是设想一下，如果微信客户端每天弹出几条广告，让广大用户将自己的银行卡和密码交出来，用户对微信的信任就会大打折扣，长期来看，这种行为是在消费微信的品牌价值，风险不容小觑。

第三种方式是借鉴支付宝的成功经验，通过电商生态的建立来促进微信的支付业务，让网购者到微信平台进行交易。不过这种做法的效果也不好，因为腾讯公司早在 QQ 还很活跃的时代，就开始进行这方面的尝试，但这些努力均以失败而告终。

微信团队需要解决的第二个难题是"用户下沉"。赵忠祥老师以 4000 块钱卖掉自己画作的事情闹得沸沸扬扬，有网友评论说，赵忠祥几千块钱就把自己的"国脸"给卖了，实在是自甘堕落。不过，"自甘堕落"却是互联网企业管理者乐见的事情，他们把这种行为称为"用户下沉"，因为只有将自己的身段放低，让自己的产品更便于使用，才能吸引更多的用户，互联网企业才可能盈利。

不过，实现"用户下沉"的难度同样很大。对于年轻用户群体，教会他们使用一款软件或一个功能并非难事，他们甚至可以自学成才，但是对于中老年群体，这种难度就呈现出几何增长的态势。年轻人不妨想象一下在家里教老人使用智能手机的情形：在你告诉他们如何使用一个功能之后，没过几分钟，他们还会问你同样的问题。这种情形不亚于网络视频中家长教小孩子做作业时抓耳挠腮的场面。然而，"用户下沉"却是互联网企业不得不去面对的事情，这就成为又一个难题。

寻找突破口

在这种情况下，微信团队就必须独辟蹊径，转变思路，在用户数量庞大的基础上，解决用户信任问题，并快速解决让用户将银行卡与微信账号绑定的问题。此时，时间已经来到了2014年的1月10日，距离春节还有半个多月，这时，有人想到，为何不利用春节开展一个以红包为场景的活动来推进移动支付呢？

首先，中国人历来就有春节发红包的习俗。每到农历春节，长辈就会给小辈发红包，领导会给员工发红包，这种规模化的现金交换在平时并不多见，而微信所具备的关系链优势恰好可以满足这一功能的实现。

其次，通过发红包，可以迫使用户绑定银行卡。用户将红包发给微信好友，好友在收到红包之后，如果想提现，就必须绑定银行卡，这样用户将不得不将银行卡与微信账号绑定。同样，对于发放红包的人来说，要想通过微信发红包，也必须将微信账号与银行卡绑定，才能将红包发出去。

第三，通过发红包，可以产生裂变的效果。一个红包被扔到微信群之后，马上就会吸引数量众多的人来领取，这样的话，就会吸引很多人对微信红包进行关注，等这些人使用同样的方式发红包后，又会带来更多的人关注。这样，短时间内就可以引发裂变，带来"绑定银行卡"这种行为的爆炸式增长，而且从某种角度来看，这也是一种通过"花钱"扩大用户规模的行为，只是这次，花的却不是微信团队自己的钱，而是以借鸡生蛋的方式，让广大用户自愿掏钱为微信的业务做推广。

第四，"红包"还可以解决"用户下沉"的问题。根据当时的数据，整个春节期间，中国会出现 7 亿人口的大流动，这就为"用户下沉"问题的解决带来契机。当城市里的 Lisa、Jack 摇身变成翠花、二娃，与同村的红霞、阿龙打牌、喝酒、聊家长里短时，或者与父母唠嗑时，顺便就可以教会亲朋好友使用微信红包，进而绑定银行卡，解决"用户下沉"的难题。

当微信团队发现"春节红包"可以解决这些长期以来想解

决而解决不了的问题时，他们立即行动起来，将微信红包纳入设计环节。最初，他们想模仿支付宝红包设计一个"讨红包"的形式，却没有获得负责人的认可，他担心这会造成用户的尴尬。当发起者讨红包时，会不会遇到对方不给钱的场面？对方在收到讨红包的邀约时，对于给还是不给、给多少，会不会产生困扰？如果不是关系特别好的朋友，甚至还可能造成误会，这样一来，参与的人未必会多，也产生不了良好的效果。之后，设计人员从"掷骰子"游戏获得了灵感：发送一个红包，让大家通过抢的方式领取红包，这样便能提升参与度，起到"炸群"的效果。

接着，他们借助"春晚"进一步扩大影响力。虽然近些年春晚出现了受众下滑的局面，但由于有众多中老年人收看该节目，微信团队可以重点针对中老年用户进行营销。因此在次年，他们开发出"摇一摇"功能，收获中老年以及二三线用户的关注度。

效果非同凡响

集合了多种商业目的的微信红包一经推出，就火遍全国。仅在 2014 年"除夕"和"初一"这两天，参与微信红包的用户就超过了 500 万人次，累计抢红包 7500 万次，领取红包两千余万个，平均每分钟领取将近一万个红包。这个数据在2015年的春节期间，更是刷新了纪录。根据统计，整个2015年春节期间，微信红包的收发总量达到了32.7亿次。

从此之后，通过微信进行小额支付的人数大增，个体商户已经习惯在柜台上面同时摆放"微信""支付宝"的二维码，以便消费者支付。现实生活中，亲朋之间的转账、现金送礼，绝大多数都是通过微信支付来实现的。据统计，经过这场持续两年的"营销战"，微信支付占据了40%的移动支付市场份额。在此之后，微信团队不断拓展其互联网金融业务，并结合腾讯的微众银行，开展在线贷款、在线理财等业务，在方便用户的同时，给腾讯集团带来了新的利润增长点。马云甚至不无忌妒地说，微信红包的兴起是一场"偷袭珍珠港事件"。

结语

微信团队在面对客户绑定银行卡难、"用户下沉"难等难题时，并没有将传统互联网营销经验简单地进行移植，而是及时转变思维，利用"春节发红包"这一中国人熟悉的场景，将广大用户引向了"绑定银行卡"这一"大势"之中，从而为下一步发展移动支付以及互联网金融奠定了坚实基础。这一案例堪称互联网史上的一大经典。

新空间篇

　　面对逆境，要么投降，要么寻找一片新天地，"新空间"
讲的就是这个。

袁隆平的难题：一变坚持六十年

袁隆平是享誉世界的"杂交水稻之父"。在从事水稻研究的六十多年时间里，袁隆平和他的团队攻下了一个又一个世界级的难题，不断续写着水稻增产的神话。到目前为止，得益于袁隆平发明的水稻增产技术，我国杂交水稻的种植面积已经达到了全部面积的 50%，全世界也已经有五十多个国家开始使用来自中国的"杂交水稻"。在常人看来，坚持六十多年不间断地做一件事情，本身就是一个艰难的过程，而伴随其中的还有一个又一个的难题。那么我们来看看，袁隆平为何能够将一件事情做了六十多年，还依旧保持乐观与信心。

将水稻增产作为目标

1960 年，中国遭遇了大面积的"饥荒"，袁隆平所在的湖南省也没能幸免。当看到一个个活生生的乡亲成为饿殍，还有人因为吃了观音土而排不出大便，最终被活活憋死时，有人对他说："你是个做农业研究的教师，为何不能把粮食的产量提升上来？如果能将粮食亩产提升到 800 斤或 1000 斤，农民就不至于饿死了。"这一番话提醒了袁隆平，他从此立下志愿，要为农业增产、农民增收付出自己的努力。

对袁隆平来说，这个想法和他从事的职业也有着极大关系。

袁隆平于 20 世纪 50 年代考入现在的西南农业大学，所学的专业是遗传育种，学生时代的袁隆平喜欢问"为什么"，这使他对农业育种产生了浓厚的兴趣。

毕业后，他回到湖南，成为安江农校的一名教师。在这之后，袁隆平在"无性杂交"方面展开过深入的研究，比如，他将月光花与红薯进行嫁接，试图利用月光花的光合作用为红薯进行增产。之后，这种嫁接过的红薯获得了大丰收，最大的一串达到了 13.5 公斤，因此，他作为湖南省"高产卫星"的代表参加了全国农民育种家现场会。

受到这项研究的影响，他开始将红薯增产作为研究目标，不过最终他还是放弃了这个选择，这是由于以下两点原因。

首先，当年试种的红薯虽然喜获丰收，但是次年他将种子种下后，长出来的植物仍然是正常红薯，这说明"嫁接"这种"无性杂交"并不能将母本特性延续到下一代，可如果这种特性不能延续，这样的植物就只能是实验室的产物，不能应用于大面积种植。当然，其中的原因很快就被他找到了。1959年，他在长沙的书店里发现了一本英文书籍，其中介绍了沃森和克里克发现DNA的过程，书中提到，DNA是决定生物遗传的因素，这就从理论的角度阐述了嫁接无法延续生物特性到下一代的原因。

其次，袁隆平曾下乡开办夜校，为农民讲授"红薯育苗技术"，听者寥寥无几，而另一位教师讲授的"水稻高产栽培"课，却人满为患。究其原因，一位农民告诉他："红薯虽然适合当地生产，但是属于杂粮，吃了不经饿，还反胃，水稻却是大家都喜欢的主粮。"

基于这两个原因，袁隆平认为红薯高产技术意义不大，与其继续研究红薯，不如将水稻高产作为自己的研究方向。

"三系法"的确立

粮食增产的首要环节是选育良种。袁隆平认为，龙生龙，凤生凤，耗子生的孩子会打洞，如果能从选用高产水稻的良种入手，培育出来的稻谷自然差不了。

1960 年，他在试验田中看到一株水稻穗大粒多，非常突出，赶忙搜集谷种，并在来年种下。然而后来的情形却让他大失所望，种出来的稻子高低参差不齐，没有一株像它们的妈妈一样，这让袁隆平苦恼不已。不过，经过认真观察和清点，袁隆平发现，这些高高低低的稻穗，高和矮的比例正好是 3:1，刚好符合孟德尔的杂交二代分离法则。这就意味着，去年发现的母株极有可能是个"杂种"。因为一般来说，纯种的下一代在外形上会和上一代基本保持一样，只有"杂种"才会因为基因的重新组合，既表现出父本的样子，也表现出母本的样子。

汉语语境下，"杂种"是个贬义词，意味着血统的不纯正。然而在农业领域，杂种却有"杂种优势"，正如驴和马交配生出的骡子，而骡子的力气在其父辈之上，就这样，骡子成了很好的农业生产工具。植物界也一样，如果一个物种中存在"杂种"，则可以利用"杂种优势"进行杂交育种，从而选出优良的品种。而且，玉米、高粱等作物已经有了相当成功的"杂交"实践，如果水稻也可以杂交，那么，水稻的增产将有可能实现。

不过，问题来了，袁隆平观察到的结果仅仅基于实验数据的假设，但这和传统理论并不一致。早在 20 世纪初，美国遗传学家辛洛特和邓恩出版的《细胞遗传学》就认为，水稻是自交产物，也就是说，它的生殖过程不需要借助另一个"爸爸"，植株自身就带有雌性和雄性的两套器官，并完成雌雄交配，所以按照传统理论来看，水稻中不可能存在"杂种"。

这就出现了实验数据和理论的冲突，可究竟是实验的结果出了问题，还是经典理论错了呢？水稻究竟存不存在"杂种"呢？为了解开疑团，袁隆平自费来到北京，拜访农业专家鲍文奎，询问水稻中是否可能存在"杂种"。这位专家从根本上批判了传统农业学说中"自交植物没有杂交优势"的观点，并给了袁隆平很大鼓励。回到学校后，经过反复思考，袁隆平认为，杂种优势是生物界的普遍规律，不管是传统的自交植物还是杂交植物，都有可能出现杂种优势，"自交""杂交"只是受限于植物本身的特性。通过人为干预，完全有可能让所谓的自交植物变成杂交植物，从而产生杂种优势。细化到水稻，水稻的花朵比较小，且一朵水稻花中既包含雄性器官又包含雌性器官，加之水稻花里的雌蕊只能在短时间内授粉，这就给水稻杂交带来了难度，但这并不代表水稻不可以杂交，只是由于其不同的特性，难度比较大而已。

基于这个假设，他认为，既然高粱可以通过"三系"配套生产出具有杂交优势的"杂交高粱"，高粱和水稻的特性又极其相似，那么是否可以将高粱杂交的方式用在水稻身上呢？为此，他开始着手模仿高粱的杂交，对水稻开展杂交实验。这些实验步骤包括：首先找到一株没有雄性器官的"太监水稻"；

然后将"太监水稻"与正常水稻进行杂交，培育出高产水稻；再将杂交出的水稻与"恢复系"杂交，以培养出适合大田生产的高产杂交水稻种子；接着提高育种速度，将不同品种的水稻通过搭配组合的方式"杂交"；最后解决杂交种子的种植规模问题，进行大面积推广。

按照这套实验的步骤，需要先找到合适的"雄性不育株"，这是突破杂交水稻的第一关。不过，这是最为不易的一关。他采用的办法是广撒网，在全国各地寻找这种非常罕见的稻种。功夫不负有心人，通过一个偶然的机会，袁隆平的一位助手在海南的乡野之中，找到一株不育的天然野生稻，袁隆平当即将其命名为"野败"。在接下来的时间里，他们就将这株"野败"与大量的水稻进行杂交试验。

为了解决育种速度问题，他们采用了到海南进行育种的办法。海南由于气候温热，可以一年培育三季稻，这是国内其他地方无法比拟的。大规模种植还需要增加人手，这个问题如何解决呢？最终，在国家的调配之下，全国各地的农业工作者汇聚海南，进行"大会战"。

1973 年，袁隆平用在海南培植出的十多斤第一代杂交水稻种子，在湖南农科院试验田里进行试种，结果出乎意料，这种杂交水稻的亩产高达 505 公斤，相比之下，之前水稻的平均亩产只有三百余公斤。

这说明，杂交水稻的确比一般水稻具备高产优势，袁隆平成功了。通过实验，袁隆平证明了传统理论中存在的误区，证明了水稻同样可以利用杂交优势，大大提高产量。

进军"两系法"

不过，袁隆平并未就此止步，经过几年的实践，他发现"三系法"培养的水稻虽然在产量上比传统水稻有所提升，但问题依然存在。一方面，三系稻增产潜力有限，继续提升的空间不大；另一方面，三系稻育种工艺复杂，需要3种稻谷杂交两季才能生产出种子，效率低下；此外，三系稻混杂率高，等到下一代，就发挥不了杂交稻的优势，农民每年都要重新购买"种子"。这些难题已经成为制约杂交水稻普及的重要因素。经过思考，袁隆平认为，只有将"三系"降低为"两系"，才能真正将杂交水稻应用于农业生产领域。不过很多人却认为，两系稻是前人没有研究过的，技术难度极大，你袁隆平现在已经功成名就，应该见好就收，万一没有成功，岂不是功亏一篑了吗？

在这种情况下，袁隆平却认为，做科研如同跳高，跳过去一个高度，就会有新的高度等待着你；如果没有跳过去，也会为后人积累经验。在是否要继续培育杂交水稻的问题上，袁隆平没有选择退缩，而是在最艰难的地方啃起了硬骨头。

与三系稻相比，两系稻采用的技术完全不同，这是一种人工干预水稻开花时间并进行育种的手段，而此时已经进入 20世纪 80 年代，袁隆平在开展两系稻研究方面，具备了诸多技术优势。

理论方面，20 世纪 20 年代，美国农学家发现很多植物的开花时间和夜间长度有关系。1923 年，日本一位农业学家发现水稻的开花早晚与日照长短有关。1973 年，袁隆平的一位同事在观察中发现，通过调节光照和温度，可以让有的稻株出现"雄性不育"特征：长日照会造成"雄性不育"，短日照下稻株又恢复正常。

根据这些理论和实践，袁隆平认为，可以在育种的第一阶段，通过改变日照时间或温度，使水稻产生"不育"特征，接着将它与其他水稻进行杂交，结出的种子就可以变成"杂交不育系"，然后使温度恢复到正常度数，这样杂交出的种子就可以作为杂交水稻的种子。对此，袁隆平及其团队成员需要完成以下工作：第一，寻找具备光热不育特征的稻穗；第二，确定水稻雄性不育的温度和光照时间的临界点。

1987 年 9 月底的一天，袁隆平的学生邓华风观察到一株水稻上有的花朵由于开花时间较早，产生了不育特征，而其他花朵却因在正常时间开花而没有出现不育特征，由此推断出，这株稻是一株光热不育稻穗，接着他们对该株水稻的种子进行繁育，发现这株稻穗的后代全部表现出光热"雄性不育"的特征。

接着，袁隆平团队发现这株水稻的"雄性不育"临界温度是 23.5℃，在海南高温和长日照的条件下，有的不育株时间可以达到 50 天。

这就为两系杂交的技术发展找到了突破口，接着他们又发掘出 62 个这样的光温不育材料。经过 9 年的努力，他们攻克了"光温敏不育系"的选育、"不育系不育点温度遗传漂移"的控制、"低温敏核不育系"的繁殖、"原种提纯与生产两系强优组合"选配等两系法中需要攻克的难题。也就是说，经过袁隆平团队的努力，两系法同样实现了。

"两系法"比之前的"三系法"具备更大的优势：一是简化了繁殖程序，从而减少了各项成本；二是组配比较自由，各种各样的水稻品种都可以进行杂交，收获的杂交水稻品种也就更多；三是相比于之前的"三系法"，"两系法"平均增产153%。

当然"两系法"的问题也不少，比如育种周期依然较长，杂交水稻的口感也有别于纯种水稻，等等。不过，这些难题在"两系法"的范畴内已经无法得到解决，接下来袁隆平和他的研究团队需要将目光转向更为艰难的"一系法"。

"一系法"的探索

可以说，伴随袁隆平一生的，是一个又一个难题的解决过程。为了解决"吃饱饭"的难题，他选择做农业增产研究；为了解决"三系稻"育种烦琐的难题，他冒着声誉受损的风险选择研究"两系稻"；"两系稻"完成之后，更大的不满足感又激励着袁隆平继续寻找突破点。

在这个时候，他并没有将自己的功名放在人生选择的首位，而是将视野放在了人类的发展与福祉方面。

虽然中国以不到世界 7% 的耕地养育了世界 22% 的人口，然而摆在我们面前的难题是，人口逐年增加的速度超过了耕地减少的速度。目前，中国人均耕地面积已经从原来的 2.7 亩降低到 1.5 亩，那么，未来靠什么养活中国人？

而且，这还不是最严峻的。按照目前人类繁衍的速度，到 2050 年，地球上人口总数将达到 100 亿，但根据测算，目前地球的耕地满打满算也只能养活 75 亿人，那么未来，如何解决全人类的粮食问题呢？

在袁隆平看来，只有通过提高粮食的单位产量，培养"超级稻"这样的高产农业产品，才能为整个人类的生存安全做出贡献，这是他人生中的第四次选择。

接下来，袁隆平将研究的重点放在了"一系法"以及"超级水稻"上面。在这些研究工作中，袁隆平团队使用了更为先进的分子手段开展研究。他们先对水稻基因进行测序，进而将水稻基因序列进行替换，这样可以改变水稻的性状，从而达到增产增收的目的。

虽然这个工作涉及争议较大的"转基因"问题，但袁隆平认为，对于水稻基因的研究，一方面不应该保守，另一方面需要在研究过程中防范各种风险。

秦池酒：不惧看似昂贵的广告费

高昂的广告费，贵还是便宜

在经济学家看来，所谓的昂贵和便宜，并非单看价格本身，而是要看这个物品能够产生的效用，所以，我们在讨论一个物品价格高低的时候，不能单纯地考虑主观感受，而是需要考虑价值与价格之间的偏离情况。如果价格高于价值，那么，我们可以称之为贵，反之，就是便宜。如果价值和价格相当，那么我们可以说，这样的价格是合理的。

从这个角度来说，20世纪90年代被媒体炒得风风火火的央视广告，虽然屡屡创出天价，但由于其能够产生巨大的价值，这样的天价广告实际上并不贵。那么，我们通过曾获得央视黄金广告时段的秦池酒厂来看一下，该厂的管理者是如何从高昂的价格中发现其中所蕴含的价值的。

秦池酒厂亏损严重

1993 年，秦池酒厂的掌门人是一位名叫姬长孔的退伍军人，他接手秦池酒厂的时候，面对的是非常糟糕的情况。

首先，这家酒厂有五百多工人，可名义年收入才刚刚达到 200 万元，分摊到每个工人身上，才 4000 元。不过，这个 200 万元的数字也并非真实的。比如，有的厂家为这家酒厂提供酒瓶、包装盒、酒瓶盖，可是秦池酒厂却没有钱向对方支付原材料的采购款，这种情况下，酒厂的管理人员就会拿生产出来的成品酒顶账，以至于在姬长孔接手的时候，市面上销售的酒价比出厂价还低，这是由于原料厂商在拿到成品酒之后往往低价变现。

不过，此时的白酒行业是一个朝阳行业。那时，经历过改革开放的中国人逐渐有了一些可用于消费的闲钱，所以从 20 世纪 90 年代以来，白酒行业的销量逐渐呈现出上升态势，而山东省历来是个白酒消费的大省。据统计，按照地级市来划分，全国白酒销量前十名的城市，有五个是山东省的，1 亿山东人民每人每年可以喝掉 40 升白酒。山东省不仅白酒的销量在全国处于领先位置，还比全国其他地区更加注重酒文化。山东人讲究多喝、猛喝、狂喝，无论生老病死、红白喜事，都会办酒席。如果酒席上没有白酒，摆酒的人就会被认为是缺乏礼数的，会被村里人瞧不起。

山东省的白酒销量虽然巨大，但市场却被两家企业所占领，这就是大名鼎鼎的孔府家酒和孔府宴酒。这两家企业同属山东的济宁地区，由于距离曲阜比较近，两者都以孔子家乡作为品牌卖点，通过在各大媒体上做广告，占据了山东地区相当大的市场份额。

初尝广告的甜头

现在，我们回到姬长孔身上，他成为这家名不见经传还处于亏损状态的酒厂厂长之后，意识到，如果像之前几任厂长一样混日子，显然不符合他"不成功，便成仁"的性格，而且，此时他还肩负着县长交给他的任务，所以在他担任厂长期间，必须短期之内让这家酒厂实现扭亏为盈。不过，要让一家企业扭亏为盈，就需要对白酒行业进行深入的了解。姬长孔花了3个月的时间对这家企业进行调查。

首先，想让这家酒厂实现盈利，最重要的是扩大白酒的销量，而扩大销量的基础是建立品牌知名度，让广大消费者知道山东大地上还存在着这样一家名为"秦池"的白酒。可问题是，扩大产品知名度谈何容易。白酒市场上的名酒大都拥有厚重的历史积淀，这种品牌优势不言自明。秦池酒厂建立的时间并不长，品牌的知名度并不高，而且，大量的低价酒已经让秦池酒的形象遭受了很大损失，所以在品牌建设方面，姬长孔选择了两步走战略：先建立品牌的知名度，再建立品牌的美誉度。

其次，山东的白酒市场已经被位于济宁市的孔府家酒和孔府宴酒这两家企业所占领。作为后进入市场的竞争者，秦池酒厂优势显然不大，与其同他们在山东市场这一亩三分地里展开激烈竞争，倒不如用上述两家企业的经营思路，换个地方重新开辟市场。

这时，姬长孔将目光瞄到了东北。有数据说，东北人有80%是山东人的后裔，这就造成两地居民在生活习惯上存在着诸多相似之处。山东人爱喝白酒，东北人也喜欢喝白酒。而且，东北距离山东较远，秦池酒名声不好的问题并不会在东北出现。如果可以用孔府宴酒的营销思路在东北地区开发市场，提升产品知名度，肯定能收到不错的效果。

基于这些想法，姬长孔与两名业务员一起来到东北。他们首先将目标城市定在了沈阳，这是由于，沈阳是一个省会城市，当地居民消费潜力较大。打开沈阳市场后，可以向周边城市辐射。为此，姬长孔将节约成本和扩大知名度作为决策的重点，用低价广告的方式开展了一系列的营销活动。

第一，投放电视广告。他们花费了 1000 元，请人拍摄了一条电视广告：一个老板模样的人手持"大哥大"进入一家饭店，身后跟着两个随从，一进门就吵吵着要喝秦池酒，然后一饮而尽。之后，姬长孔让这条广告在当地电视台密集播放。

第二，制造事件。秦池酒厂租来一条飞艇，让它在沈阳上空游弋，就在大家盯着这个庞然大物时，突然从空中抛下数万张秦池酒的广告传单，路人出于好奇纷纷上去争抢，场面一下变得非常混乱。这种行为引起了极大的争议，但在那个各路英豪各显身手的时期，这场混乱并没有给秦池酒日后的营销带来多少麻烦，而且这种成本极低的方式引发了沈阳市民的广泛关注，甚至产生了轰动效应。

凭借这种廉价的广告，秦池酒厂用很短的时间就在沈阳打开了局面，秦池酒销量大增，姬长孔甚至亲眼看到有的老百姓将秦池酒成箱搬回家。这种良好的效果甚至引来了当地报纸的评论：三位山东大汉怀揣 50 万，19 天敲开了沈阳的大门。

央视广告并不贵

姬长孔小试牛刀，就在东北站稳了脚跟，不过新的问题接踵而来：秦池酒厂为了适应增加的市场需求，已经通过银行贷款等方式扩大了数条生产线，如果只依靠东北市场，已经消化不了秦池酒厂所扩大的产能，这种情况下，扩大市场规模是秦池酒厂唯一的出路。这时秦池酒厂遇到一个机会，由于其在沈阳的广告营销策略使得销量增加，引发了各界人士的广泛关注，该厂获得了央视广告招标的入场券，这意味着，他们有机会通过央视将产品推向全国。不过，这个机会究竟适不适合秦池酒呢？

作为唯一的国家级电视台，央视有着收视率高、覆盖面广等得天独厚的优势，此时电视机正逐渐在中国大地上普及，但大部分地区还没有有线电视，人们需要依靠在屋子外面架设的天线收看电视节目。这就导致人们可以收看的电视频道有限，而仅有的几个频道中，大家又以收看中央电视台的节目为主，因此央视的影响力、公信力以及品牌塑造力极其强大。如果能够在央视做广告，那么不仅可以大大提升广告客户对消费市场的话语权，还可以提升广告的可信度。而央视广告又以新闻联播前后的广告资源最为珍贵，因为根据数据统计，新闻联播是国内收视率最高的节目。如果能够得到这个时段的广告播放权，就意味着掌握了整个行业的话语权。

不过，央视的广告虽好，可是问题同样很多。对姬长孔来说，最大的问题就是太贵。1994 年，由于央视广告所具有的稀缺性，众多企业主找到各种关系，想尽法子上央视。为了杜绝这一问题，一位名叫谭希松的央视广告部门负责人提出了央视广告的招标活动，要求众多商家参与竞标，谁的出价高，谁就可以获得相应广告段位的播放权。这其中，又以新闻联播前后的黄金时段广告位，竞争最为激烈。为了提升这个时段广告的竞争度，央视将此时段的夺标者称为"标王"。"标王"的争夺在那个广告资源稀缺的年代，变成了一件极具轰动效应的事情，当然，所产生的市场价值也不言而喻。1994年，孔府宴酒以3000万的价格夺得1995年央视广告的"标王"，而1995年，孔府宴酒的销售收入就提高了5倍。但是，对于姬长孔来说，这个价格无异于天价。要知道，1995年秦池酒厂的全年收入刚刚冲破1亿元，拿出几千万元做广告，无异于一场赌博。

另外，还有一个很大的问题，就是酒的产量和质量是否能支撑这样高昂的广告费用，要知道，即便按照上一年标王中标价格3000万来算，也相当于秦池酒厂要卖掉1.5万吨白酒，才能回本。可是，秦池酒厂当时的产量状况却是，即便满负荷运转，一年也只能生产出9600吨白酒，秦池酒厂似乎无力承担央视广告的费用。

那么此时，究竟做还是不做，应该怎么做，就成为摆在姬长孔面前的难题。如果不做，相当于拱手让出了秦池酒走向全国的机会，可是，如果在央视做广告，投入巨大却未必能收回成本，最重要的是，当进货商从全国各地蜂拥而至时，酒应该从哪里来？

最终，姬长孔对这道选择题给出了肯定的回答。之所以如此选择，一是因为姬长孔做事大胆、果断；再者，秦池酒产量不足的问题在姬长孔看来完全可以得到解决。四川境内的川藏公路沿线上，分布着很多小酒厂。这些酒厂背靠青藏高原，那里的优质冰川水没有受到污染，生产出来的散装酒质量并不输给山东酒厂。如果可以将这些散装酒收购到秦池酒厂，再往其中加入本厂生产的原酒和香料，完全可以使其达到秦池酒的出厂标准，而且这也是当时全国各地很多酒厂的通行做法。

所谓的"央视广告标王"指的是央视新闻联播到天气预报之间的 5 秒钟广告时间的夺标者。新闻联播是一个很特殊的节目，直到现在，所有的省级卫视都要同步转播，而在当时电视台并不多的情况下，新闻联播理所当然是全国收视率最高的节目，不仅收看央视的人会看，收看省级卫视的观众也会看。因此，在姬长孔看来，央视黄金时段的广告位虽然已经达到天价，但是由于央视拥有规模巨大的受众和极强的公信力，综合来看，这样的广告费用并不高。

想明白了这些问题，姬长孔就将中标央视广告作为志在必得的目标，而且在他看来，秦池酒厂这次不但要中标，而且必须拿下新闻联播之后 5 秒钟黄金时段的广告，将"标王"的名号拿到自己手中，因为拿到"标王"不仅意味着可以获得更多的传播机会，而且"标王"这个名号本身就带有巨大的市场效应，可以将秦池酒带入全国名酒的行列。

成败一萧何

1995 年的 11 月 8 日，在孔府家酒和孔府宴酒分别出价六千多万元的情况下，秦池酒厂最终以 6666 万元的价格夺得了当年"央视广告标王"的称号。这种行为当然成了媒体曝光的焦点，甚至在其夺标之后，很多人惊呼：秦池酒是哪里的？怎么从来没有听说过？

不过，这样强大的造势效应终于产生了回报，秦池酒厂在1996 年迅速成为山东省的五大酒厂之一，在全国家喻户晓。从业绩来看，仅在当年的第一个季度，秦池酒厂的实际销售收入就达到 3 亿元，到当年年底，销售收入达到 9.8 亿元，比上一年的业绩足足多了 5 倍，用姬长孔的话来说："秦池酒每天开一辆桑塔纳进央视，开出来一辆奥迪车。"

当然，秦池酒的落幕和它的兴起速度一样快。在 1996 年尝到广告带来的甜头之后，1996 年底，秦池酒厂又将 1997 年的"央视广告标王"作为必得的目标，并以 3.2 亿元的天价将其收入囊中。不过这次的"标王"并没有给这家成立时间不长的酒厂带来好运，反而引起了公众的强烈质疑，秦池酒厂花这么多钱做广告，如果将费用平摊到每瓶酒上，还能否保证酒的质量？秦池酒的年产量只有 9600 吨，其余的酒又是从哪里来的？

面对公众的质疑，姬长孔并没有像在央视投放广告那样积极回应，而是无动于衷。接着，《川酒滚滚入秦池》系列报道，以及秦池酒质量不佳、成品酒瓶盖发霉的消息被媒体接连爆出，秦池酒就此从神坛跌落。1997 年第一季度，秦池酒的销量就出现了明显的回落，到 1997 年末，秦池酒厂巨额亏损已经成为定局。

成也萧何，败也萧何。秦池酒被全国人民广为知晓，是通过"央视广告标王"这一称号实现的；跌落神坛，同样是因为这个"标王"称号。秦池酒昙花一现的案例说明，通过高效的广告策略，可以提升品牌知名度，但品牌形象塑造却是个系统工程，一个品牌除了提升知名度，还要提升美誉度和信任度。而这些方面需要在加强产品质量把控、经营管理、品牌维护等环节加以实现，单纯运用广告策略却忽略其他环节，只会招来"枪打出头鸟"的悲剧，而姬长孔当时并没有认识到这些。

虽然秦池酒厂的大起大落多少带有戏剧性，但斥资投放广告，对产品进行大面积的宣传，从而快速提升品牌的知名度和产品的销量，却成为白酒行业的通行准则。在此之后，无论是河套老窖、江小白，还是金六福等白酒品牌，无不是通过这种方式占领市场的。

三株口服液：猪圈围墙做广告

谁还记得"三株口服液"

一些人也许还记得在 20 世纪 90 年代后期，出现过一款名叫"三株口服液"的保健品，这款保健品在火遍大江南北的同时让我们领略到一种低成本的广告营销方式，当时，在中国的广袤乡村，随处可以看到用颜料喷绘出的三株口服液标语。事实上，这种针对农村消费者大面积铺广告的方式对三株集团的业绩增长起到了巨大的推动作用。通过这种营销模式，三株集团在短短几年时间里，实现了高达 80 亿元的销售额。那么我们来看看，这种模式是如何发挥出如此强大的效用的。

三株口服液的创始人是吴炳新和他的儿子吴思伟，他们早在 1987 年就通过"昂立一号"的销售进入保健品领域。之后由于和创办"昂立一号"的上海交大昂立生物制品有限公司发生矛盾，他们开始自立门户，在山东省的济南市创办了三株集团，开发出一款名叫"三株口服液"的产品。凭借着此前的保健品营销经验，他们很快就在市场中占领了一席之地。

三株口服液的主要成分是活性菌，即嗜酸乳杆菌、双歧杆菌和"DL 菌"。用现在的眼光看，这种保健品并没有什么稀奇之处，所包含的"菌"非常普遍，比如我们平时喝的酸奶，其主要成分也是这类"菌"，能起到的作用也大同小异，如开胃、助消化等。不过在当时，这还属于一种比较新颖的产品。

虽然产品比较新颖，可难题依然不少，其中最大的问题就是如何提升这种产品的销量，从而获取利润。因为当三株口服液被开发出来的时候，市场环境已经和"昂立一号"时代明显不同了。

生不逢时的三株口服液

1994 年，连续增长了 7 年的中国保健品行业已经呈现出整体衰退的景象。7 年之前，中华鳖精、太阳神、娃哈哈、"昂立一号"，还有各种花粉、蜂蜜口服液，形成了第一轮保健品销售的浪潮，加上后来的乐百氏、生命核能、巨人脑黄金，中国保健品市场的份额已经接近饱和。在这种情况下，销售开始出现疲态，各大保健品厂商只得通过加大营销力度来扩大市场规模，其中典型的营销手段就包括"义诊"。雇员往往会穿上白大褂，坐在街头，拉起"义诊"的横幅，以专家的名义与周边居民进行交流，最后告诉他们，他们的身体出现了一些小问题，需要服用某个产品，才可以治好。

另外，刚刚享受到改革开放红利且具备一定消费能力的中国城市居民在消费过这些保健品之后，开始对这个行业产生了普遍质疑：产品的功效并没有广告里说的那么神奇。要知道，当时保健品的营销中往往伴随着神乎其神的疗效宣传、铺天盖地的广告轰炸和充满狂热的人海战术，有的营销人员为了扩大销售渠道，甚至将自己的产品吹嘘成了万能神药。凡是"常见病""急性病"，都可以用他们的保健品进行"调理"，当时甚至还出现了"有病治病、没病防病、无病保健"的产品宣传。显而易见，这些销售手段从某种角度来看是在欺骗消费者。

针对保健品行业中的种种乱象，1994 年，全国人民代表大会常务委员会通过了《中华人民共和国广告法》，对虚假宣传等行为进行规范。之前在保健品行业中盛行的那些营销手段，在这部法律公布之后，已经不能继续使用。

此外，三株口服液主打的"细菌"概念也使得当时的人们产生了极大的"恐惧感"。细菌怎么可能治病呢？第二次世界大战的时候，"敌人可都是用细菌去杀人"，现在你却要拿这种东西来治病，简直是乱弹琴。这种普遍的心态表明，三株口服液需要在理念的普及方面做大量的工作。

"农村包围城市"

面对这种两难的处境，吴氏父子陷入了短暂的困境之中。不过很快，吴炳新在梳理销售数据的时候就发现，在北方，如天津、石家庄、烟台等销售额出现明显上升的地区，农村市场往往开发得比较好，比如，三株口服液在烟台、德州等地的农村的销量占到了总销量的 60% 以上。在这种异常数据的影响下，吴炳新将目光投向了中国广袤的农村市场，开始对这个被其他保健品忽视的地区展开细致分析。事实上，这时的农村市场体现出以下几个特点。

第一，农村经济发展速度虽然在逐渐加快，但缺医少药的问题依然严重。由于医疗卫生资源分布不均，而优质资源主要集中在城市，农村的医疗卫生状况非常堪忧。甚至在有的地方，农民看病依然依靠先前建立起来的赤脚医生制度，看病难、买药贵等问题依然突出。农村卫生状况相对恶劣，农村人口的健康状况普遍低于城市人口，一些常见病长期困扰着中国农民，而三株口服液由于其产品功效有益于胃肠道疾病的防治，很适合当时的农村市场。

第二，农村的信息不发达。20世纪90年代，农村中能够拥有电视的家庭并不多，加之文化程度有限，喜欢读书看报的农村人口更少，这就导致农村消费者并没有多少信息渠道，形成了信息不对称的局面。这种情况对保健品的营销工作十分有利，比如，吴炳新发现，对于潍坊和开封地区的农民，只要在产品销售过程中对其加以劝导，很容易使其购买他们的产品。

从这些角度来看，开拓农村市场，似乎是下一阶段促使保健品销量增长的必由之路。然而，如果农村市场有如此之大的优势，为何此前的七八年中，鲜有其他保健品企业涉足呢？经过分析，吴炳新发现，农村市场的问题同样很多。

首先，相较于城市人口，农村人口的消费能力非常低下。对城里人来说，几十块或上百块钱的商品尚在承受范围之内，但在农村，这件商品花费的钱可能就是一家人一个月的生活费用。

其次，农村消费者普遍缺乏"保健意识"，即便身体不舒服，他们也往往选择"扛"过去，而普及健康理念对农村消费者来说是一件难度极大的事情。当时几乎所有保健品的营销策略都是针对城市消费者的，而忽略了农民的口味和切实需求，这也就导致农村消费者对保健品产生距离感和陌生感。

此外，农村人口虽然数量庞大，但却分散在中国广袤的土地上，这就使得市场的规模效应不能得到很好的展现。利用同样的营销手段，在城市，一位营销人员可以向 10 位消费者推荐他们的产品；可是在农村，就只能为两三个人服务，投入产出比不高。

这一切都说明，虽然农村市场具备开发的潜质，但是市场形态和城市完全不一样。开发者需要因地制宜，重新确立一套适合农村、农民的营销策略。在这样的情况下，吴炳新怎样将农村市场作为三株口服液的突破口呢？

在这里，我们必须对吴氏父子建立的三株公司的情况进行梳理。事实上，这对父子从一开始就在企业经营的过程中出现了矛盾，而这些矛盾的产生又和他们两人的经历有关。吴炳新1938 年出生，经历了抗日战争、解放战争的他十分敬仰毛泽东主席，因此他在企业管理方面信奉毛泽东思想；他的儿子吴思伟和他有着天壤之别，这个年轻人大学毕业，信奉彼得·德鲁克这样的管理学大师的理论，在三株公司创立之初，他还专门聘请了南京大学的日本企业管理研究所专家，为该公司量身定制了一套管理架构。在这种管理风格迥异的情况下，二人在企业经营过程中经常发生碰撞，最终三株公司形成了一套特殊的管理架构：公司事务管理方面，主要以吴思伟的想法为主，而营销体系则是吴炳新运用毛泽东思想塑造出来的，在这种管理体系下，"农村包围城市"也就成为三株公司营销策略的必然选项之一。

此时吴炳新为了稳妥起见，认为北方农村市场销量大增的形势还不足以说明问题，如果三株口服液同样适合南方的农村市场，就意味着这条路走得通。比如贵阳，该地人口不多，周边又大多是贫穷的农民，如果在这样的地区取得成功，那么可以证明，三株口服液可以大举向农村市场出击。为此，他将贵阳周边的县城作为试点，建立营销网络，将其产品向乡镇地区辐射。经过两个月的实验，效果非常显著，贵阳周边地区的三株口服液销量持续高居全国第一。他通过实验证明了"农村包围城市"策略的正确性。

人海战术下的营销

将目光聚焦在农村，就需要针对农村市场的特点，重新构建一套营销思路，接着吴炳新采取了以下两点营销策略。

首先，用一年的时间构筑起农村营销网络，设计出一个"四级营销体系"，其中包括地级子公司、县级办事处、乡镇级宣传站和村级宣传员，利用农村地区的低人力成本优势，开展人海战术，大量聘用当地人员到基层机构开展营销。最鼎盛时，三株在全国地级市注册了600家子公司，在县、乡、镇注册了2000个办事处，各级营销人员总数超过15万人，这种人海战术有助于将其产品推广到中国广袤农村的角角落落。而且，由于营销人员大都从当地选拔，他们往往具备强大的人际关系网，有利于三株口服液的普及。这些营销人员不遗余力地在亲朋之间推销，极大地提升了产品的销量。虽然三株口服液价格较高，但消费者往往碍于"面子"，不得不购买他们的产品。

其次，开展"社区营销"。由于当时农村普遍缺乏专业对口的医生，三株就聘请知名医学专家或知名医师开展义诊等活动，广大农村消费者出于对医生的尊敬和信赖，往往会接受他们的建议。用三株的说法，这种方法叫"让专家说话"。

在接下来的几年中，三株每年都在全国各地举办上万场这样的义诊活动。这种建立专家形象和消费者利益共同体的行为，在农村市场上受到了广泛的欢迎。此外，三株还采用了诸多针对农村的促销方式，比如，成立电影放映队，循环播放电影；成立锣鼓宣传队，表演节目；开办患者俱乐部，进行现身说法；等等。这样做，可以迅速提升三株口服液的知名度，从而培育潜在消费者。

这些营销方式显示出良好的效果，不过在吴炳新看来，这套营销思路依然存在诸多问题，其中最大的一个问题就是成本太高。试想，不管是雇用专门的营销人员，还是聘请专家，都需要支付薪酬，可是这样一来，就会遇到投入产出比不高的问题，在这种情况下，必须想办法降低营销过程中的成本。这时，吴炳新想到了另外一个方式——利用墙体广告进行宣传。

墙体广告的出现

保健品营销很大程度上依赖于大规模的广告，在三株口服液出现之前，很多公司往往利用电视、杂志等媒体进行宣传。这种方式在吴炳新看来，第一，并不适合在农村使用，因为农村的电视普及率并不高，报纸和杂志也鲜有人看，媒体广告的作用显然不大；第二，成本太高，动辄几万元的广告费用，所产生的收益却往往并不明显。此外，有的品牌营销人员还会将广告悬挂在公路两旁，但是，在吴炳新看来，这种方式同样不适合三株的战略。要在高速公路旁做广告，需要向相关机构缴纳广告费，但最大的问题是，在汽车普及率极低的情况下，在高速公路旁做广告，并不会收到明显的效果。那么有没有一种既可以节省成本，又适合农村的广告策略呢？吴炳新考虑到，既然三株口服液面向的消费者主要是农民，为何不利用农村里闲置的资源做广告呢？

于是，三株营销人员发给每个村级宣传员一桶颜料和一个三株口服液的广告模板，要求他们把三株口服液的广告刷在乡村的墙壁、电线杆、道路护栏、牲口栏圈甚至茅厕墙上面。利用农村的这些随处可见的设施和建筑，根本不需要额外缴纳广告费用，所付出的成本也不过是一桶颜料的价钱。没过多久，大家就发现，在中国，只要有人烟的地方，就可以看到三株的墙体广告，这种在专业人士看来毫无美感的广告，在特定的时期、特定的环境下，起到了很好的作用，潜移默化地影响着消费者的选择。

三株的启示

通过这种低成本的墙体广告，三株口服液的销量在短短的两年时间内就占据了全国保健品销量的一半，从农村消费市场获得的收入则占到了三株总收入的60%，三株实现了在保健品市场整体下滑的情况下一枝独秀的好成绩。

三株虽然最终走向了没落，但是这家公司却在解决低成本广告的问题上，为广大创业者提供了一个思路：利用闲置资源，变废为宝，从而产生出新的价值。

学习三株，还清 2 亿元债务

史玉柱是广告大师

史玉柱是中国公认的营销大师，在他的一手策划下，汉卡、脑黄金、脑白金等产品通过大面积的广告宣传，被广大用户所熟知，他也因此获得了巨额利润，甚至进入中国的富豪榜。史玉柱偏爱广告，在很多人看来，他对广告的重视要胜过他对产品本身的重视。史玉柱尤其关注如何用中小城市中的低价资源捕获消费者的心理，那么，我们来看看，他是如何通过广告改变产品销量的。

保健品来钱快

1997 年，史玉柱从"巨人大厦烂尾""拖欠脑黄金供货商巨款"的窘境里走了出来，他需要重振旗鼓，实现他的翻身梦。

不过这时，史玉柱所有的公司、个人财产已经被查封，他本人也已经成为名副其实的"老赖"，浑身上下只有"借来"的 50 万元启动资金。为了避免被债主追债，他不得不东躲西藏，戴着墨镜才敢走在大街上。为了释放压力，他和创业团队的核心成员攀登了一次喜马拉雅山，却在这次西藏的旅行过程中，遭遇了两次生命危险，差点丢掉性命。

经历过这些之后，史玉柱已经将人生看开，认为连死都差点经历过的人，还有什么不能重新来过？为此，他将偿还所欠下的 2.5 亿元外债，作为新的目标。

这一次创业，史玉柱再次将目光锁定在了保健品行业。这是因为，史玉柱此前就通过脑黄金获取过巨额利润，虽然后来失利，但史玉柱认为，脑黄金的失败并非由于脑黄金本身，而是因为巨人大厦的问题最终影响了资金链，使脑黄金受到了牵累。

再者，相比于更早之前史玉柱发家所依靠的 IT 产品，保健品的开发难度低。更重要的是，对于 IT 产品，随着技术的迭代，用不了多长时间，技术就会被淘汰。保健品则不同，它只要受到市场的欢迎，就会有源源不断的客人光顾，比 IT 产品更为稳固。最重要的是，比起做 IT 产品，做保健品可以让史玉柱早些还清债务。

另外，史玉柱天生有一股执拗劲儿，甚至被外界形容为偏执狂，具有这种性格特质的人往往有这样的特点：不达目的，决不罢休，从哪里跌倒，就从哪里爬起来。

从保健品来，到保健品去

重新从事保健品销售，史玉柱也具备不少的优势。在巨人集团倒闭的日子里，集团管理层的二十多名核心成员都没有选择离开史玉柱，即使连续几个月收不到工资，他们也没有怨言。虽然这依靠的是史玉柱的个人魅力，但这样一支具有保健品行业经验的队伍，却可以在日后的创业中发挥巨大的作用。

吸取了之前脑黄金的经验和教训，史玉柱认为，接下来的保健品再也不能像以前的保健品那样，没有什么用处，全靠吹牛来赚钱。新的保健品必须让消费者吃过之后感到有效，而且在感受到良好的效果之后，愿意主动跟周围的人介绍产品。这两点缺一不可，但从产品推广的角度来看，最重要的是第二点，第一点只是第二点的基础，因为通过口口相传的方式，不仅能够提高产品的销量，增加产品的利润，还能减少宣传费用。

在这个基础上，史玉柱将褪黑素作为新产品的主要成分。褪黑素是人体大脑中分泌的一种激素，据称服用这种激素，可以起到调节人体睡眠、提高免疫力、治疗癌症、预防心脏病等作用。

接下来，史玉柱对这款以褪黑素为主要成分的保健品进行包装，并给这款产品起名脑白金。之所以起名脑白金，是因为史玉柱偏执的性格，既然脑黄金已经有了一定的客户基础，那么只要在原有的名称上进行升级，就可以延续脑黄金的品牌效应。此外，根据之前的市场调查，史玉柱认为，脑白金不能走传统的营销路线，而是应该独辟蹊径，以"适合充当礼品"作为卖点。要知道，脑白金的售价较高，且功效适合老年人，但若让老年人去购买一款价格较高的保健品，他们往往会舍不得，而如果把脑白金包装成高档礼品，则会让年轻人在孝心驱使下，接受这种礼品的高价。最重要的是，史玉柱洞察人性，发现在消费过程中，消费者往往会对自己吝啬一点且更为挑剔，但对于送礼，他们却会相对大方一些，而且，效果好不好，自己不知道，只有收礼的对方才知道。

花小钱，办大事

这款保健品的核心成分全部完成后，接下来便要进入产品的营销阶段，不过此时，对于产品的营销，史玉柱又遇到了新问题。整个项目的启动资金只有 50 万元，但肯定不能全部花在产品的宣传推广上。按照史玉柱的经验，用在广告营销方面的资金绝对不能超过总成本的 20%，也就是 10 万元，可只用 10 万元做广告，如何才能产生效果呢？

为了解决这个问题，史玉柱借鉴了当时风头正盛的三株口服液的经验。史玉柱对吴炳新一直保持着敬仰之心，落魄之后，甚至用秘密拜访的方式和吴炳新交流过。这时史玉柱认为，只有学习三株口服液"农村包围城市"的经验，并在此基础上做出调整，才有可能在资金窘迫的情况下突围，原因有以下几点。

其一，在农村和中小城市进行广告宣传的费用比较低。如果在上海这样的大城市进行广告宣传，同样的价钱可能不够买报纸的一个版面，但若在中小城市进行推广，却可以做很多的事情。

其二，相比于大城市中的人，中小城市和农村的消费者对于保健品还相对比较陌生，广告宣传的效果好，更容易开发出消费潜力。

其三，对于脑白金的产品价格和产品特性，消费者需要有一定的知识储备才能够了解，虽然史玉柱学习了三株口服液的成功经验，但绝不能照抄其农村路线，而是要做些改变，将目光锁定在中小城市的消费者身上。

基于这些理由，史玉柱将脑白金的首个试点城市选在了距离上海不远的江苏省江阴市。为何选择这个地方作为脑白金的龙兴之地？个中缘由非常容易理解，江阴背靠鱼米之乡，相对富庶，当地消费者的消费能力较强。此外，江阴背靠上海、南京等大城市，如果能够在这个地方取得成功，就可以将该地作为向大城市拓展的中心。在江阴市，史玉柱依靠广告营销取得了初步的胜利。他们印刷小广告，在报纸上进行"新闻报道"，在电视台录制健康常识等节目，向消费者群体宣传脑白金产品。将 10 万块钱投下去，当月就收回 30 万元的货款。第二个月，将 30 万元的货款全部用于营销，收到货款 60 万元。按照月度数据统计，脑白金的净利润可以达到 100%。

脑白金在江阴试点成功之后，下一步需要向周围城市扩散。但是，新的问题却接踵而至。史玉柱首先发现，保健品的销量和广告呈现出正比关系，只要你投钱做广告宣传，销量马上就紧跟上来，只要你稍稍减少对广告的投入，销量紧接着就出现下滑的态势。第二个问题是，随着《中华人民共和国广告法》的实施，保健品营销人员再也不能像之前那样做虚假宣传，也不能公开在电视等媒体中对产品的疗效等方面做过分描述，这种旨在保护消费者的规定给保健品厂商带来了难题。

这些暴露出来的问题本质被史玉柱所洞察，他认为，保健品归根结底还是需要用广告进行推广，但是以往的广告策略出现了偏差。如果消费者在观看广告之后对产品没有深刻的印象，就不可能购买这款产品。结果就是，只要你做广告，销量就跟上来，你一旦不做广告，销量就下滑。这样的广告除了无谓地浪费公司的资金，毫无意义，加上《中华人民共和国广告法》不允许对保健品做过多的夸大宣传，而只能以中规中矩的方式进行宣传，这些问题也使得传统广告的效力逐渐减弱。在这种情况下，要改变现有的格局，就只能从改变消费者的观念入手，只有给消费者留下深刻的印象，才能让产品的销售与日俱增。

可是究竟应该怎么做，才能改变消费者的理念呢？在史玉柱看来，只有通过广告的长期化，才能解决这个问题，这意味着脑白金必须找到廉价的广告资源，为此，他做了以下工作。

第一，史玉柱找人拍摄了一系列的电视广告——这些广告只有一句广告词"今年过节不收礼，收礼只收脑白金"，并将这一系列的广告按照季度划分进行投放。史玉柱根据此前对脑白金的产品定位——高档礼品，在春节和中秋两个节日之前的一个月到两个月不等的时间内，对广告进行密集播放，淡季则会相应降低播放频率。长时间播放这一句广告词，使得诸多电视观众产生厌恶感，但在史玉柱看来，虽然观众不高兴甚至有厌恶感，但是却在这个过程中对脑白金的产品产生了极强的记忆，长期下来，总会有一部分观众会优先考虑购买脑白金。

第二，当消费者普遍对广告产生了"免疫力"时，史玉柱的团队增加了新的广告方式：他们制作科普节目，介绍脑白金的主要成分，在电视台密集播放。这些科普节目并不会提到脑白金的任何信息，却在潜移默化之中，对观众产生了宣导作用，从本质来说，这类节目就是一种"软广告"。

第三，学习三株口服液的做法，做墙体广告。但是这种墙体广告并没有简单地模仿三株口服液的广告，相反，史玉柱的团队有针对性地做出升级，根据目标消费者的情况，选择在城乡接合部和人流密集的道路两旁、居民楼外墙、工厂外墙、学校附近和村子出入口的墙体上，喷涂定制的墙面广告。

第四，与公交车公司、出租车公司以及交警部门协商，在城市主要线路的公交车和出租车的车体上喷涂电脑印制广告。与电视广告不同，这种广告费用相对较低，却能达到无孔不入的目的。

第五，他们在街道两旁门脸房的玻璃门上张贴门体广告。为了保持整体效果，他们还会对城市的区域进行整体规划，在不影响城市整体面貌的情况下，对城市街区的门脸房进行整体性喷涂。

为了规避《中华人民共和国广告法》带来的冲击，史玉柱的团队将一本来自美国的图书翻译成汉语并公开出版，而这本书主要介绍的是脑白金的有效成分——褪黑素。接着，史玉柱以学术研究的名义，将这本翻译过来的图书向各大单位 (包括药店、小区、银行等) 大量派发。在史玉柱看来，由于在这些单位工作的人员往往具备一定的知识储备，比较容易接受褪黑素这一新兴概念，他们在看书的过程中，会逐渐对脑白金形成深刻的印象。

接着，他们又将书中的主要内容摘录出来，将这些内容印刷成纸质的印刷品，夹在报纸、杂志中进行分发。有时，这样的书摘还会正式刊登在当地报纸的新闻版面上，使得这种软广告的可信度大大提升。

低成本的广告，产生了巨大效果

脑白金的广告一经问世，就因为没有美感而遭到各种批评。在有的媒体评选出的十差广告中，总会出现巨人集团脑白金的身影。最过火的时候，那句"今年过节不收礼，收礼只收脑白金"的广告语，连续七八年登上了全国最差广告排行榜。不过，这恰恰是史玉柱想要达到的目的，如果哪一年脑白金的广告没有上最差广告榜，史玉柱反而会感到不安：是不是人们对脑白金的关注度下降了？

　　不过，正是这种看上去没有任何美感的广告，在潜移默化之中将脑白金的产品形象深深地刻入了广告受众的内心，而脑白金则通过这些无孔不入的廉价广告，成了孝心的代名词，获取了礼品市场的巨大份额。

　　仅仅用了 3 年左右的时间，史玉柱就从破产的低谷中走了出来，开始了他的还钱计划，并在 5 年之后，还清了所有债务。史玉柱后来通过游戏和保健品双线发展的方式，重新站上了富豪排行榜。不过更为重要的是，史玉柱通过模仿加创新，寻找到一条适合产品定位的低价广告策略，这种策略给后来的创业者带来了启发。

后记

最近几年，社会上一种悲观的氛围似乎越来越浓重。在我看来，悲观有两种：一种是积极悲观主义，一种是消极悲观主义。

我曾经随一个企业家代表团去以色列考察，见到了2005年诺贝尔经济学奖获得者罗伯特·奥曼，他因利用博弈论分析冲突和合作而获得诺贝尔经济学奖。当讨论到犹太人为什么能出这么多创新成果时，他说主要是因为危机意识。比如说，在沙漠里生存，就发展出先进的滴灌农业技术；能源上被别人约束，就发展新能源技术。这种对环境的悲观转化为一种奋进的忧患意识。

另一种悲观在很多人身上表现为"躺平"和抱怨的消极悲观主义。记得有人说过，千万不要跟这种悲观的人合作，因为他们会故意使事情以失败告终来证明他们是对的。他们试图使你接受其观点：这是一个最糟糕的时代，不仅糟糕，而且走投无路，所以应该"躺平"。

　　当我无法说服这些人，却反被他们影响时，我想起司马迁在《报任安书》里说："古者富贵而名摩灭，不可胜记，唯倜傥非常之人称焉。盖文王拘而演《周易》；仲尼厄而作《春秋》；屈原放逐，乃赋《离骚》；左丘失明，厥有《国语》；孙子膑脚，《兵法》修列；不韦迁蜀，世传《吕览》；韩非囚秦，《说难》《孤愤》；《诗》三百篇，大底圣贤发愤之所为作也。此人皆意有所郁结，不得通其道，故述往事、思来者。"司马迁在面对人生困局时，从周文王、仲尼、屈原、左丘明这些伟人身上汲取能激励自己的能量，寻找突围的点。

　　本书的写作体例有些受到茨威格的《人类群星闪耀时》的影响。该书展现了 14 个决定世界历史的瞬间，书中写道："在一个民族内，为了产生一位天才，总是需要有几百万人。一个真正具有世界历史意义的时刻——一个人类的群星闪耀时刻出现以前，必然会有漫长的岁月无谓地流逝。"但是，这些时刻一旦出现，就"宛若星辰一般永远散射着光辉，普照着暂时的黑夜。"我在破局思维的基础上，总结了 13 个经典的案例，并提炼出其中面对困局的普遍性方法。

　　古人说："隔行如隔山。"但还有另一句话："隔行不隔理。"希望各行各业的创业者、经营者、管理者都能从本书中获得激励和启发，如同王夫之所言："荡涤其浊心，震其暮气，纳之于豪杰，而后期之以圣贤，此救人道于乱世之大权也。"

最后，我集句献给读此书后掩卷有所思的朋友：

不求负担得解脱，但愿能量有增长。

冲破困局通大道，生命浩荡如江河。

郭宇宽

2023 年 6 月